Crianza Tranquila: Una Guía Para el Manejo de la ira Para Mamás y Papás

Fomentando la armonía en medio de la paternidad

Javier Gonzalez

Tabla de contenidos

INTRODUCCIÓN

Bienvenidos a "Crianza tranquila: una guía para el manejo de la ira para mamás y papás - Nutriendo la armonía en medio de la paternidad". La paternidad es un viaje gratificante lleno de amor, alegría y crecimiento, pero viene con su parte de desafíos. A medida que las mamás y los papás navegan por el intrincado terreno de la crianza de los hijos, el manejo de las emociones se vuelve crucial para fomentar un ambiente familiar armonioso. Este libro electrónico es una guía completa para ayudar a los padres a cultivar la calma y navegar por las aguas a menudo tumultuosas del manejo de la ira.

Ser padre es una experiencia significativa y que cambia la vida, marcada por momentos de triunfo y frustración ocasional. Si bien el amor por nuestros hijos no tiene límites, los factores estresantes y las demandas de la crianza de los hijos a veces pueden conducir a la expresión de ira. Reconocer y abordar esta ira es vital para crear un hogar acogedor y pacífico para padres e hijos.

"Crianza tranquila" está diseñado como un recurso de apoyo, que ofrece estrategias prácticas, ideas y ejercicios para ayudar a las mamás y los papás a comprender, manejar y transformar su ira. Profundizamos en las causas fundamentales de la ira de los padres, proporcionando una hoja de ruta para la autorreflexión y el crecimiento personal. Al explorar varias técnicas para el manejo de la ira, los lectores descubrirán formas efectivas de responder a situaciones desafiantes con paciencia, empatía y resiliencia.

Este libro electrónico va más allá de las soluciones rápidas, con el objetivo de empoderar a los padres con estrategias a largo plazo para mantener el equilibrio emocional. Desde las prácticas de atención plena hasta las habilidades de comunicación, cada capítulo está cuidadosamente diseñado para guiar a los padres en su viaje hacia la creación de una dinámica familiar tranquila y enriquecedora. El objetivo es fomentar un entorno en el que tanto los padres como los niños puedan prosperar, construyendo conexiones duraderas y recuerdos atesorados.

A medida que nos embarcamos en esta exploración de la crianza tranquila, abracemos el poder transformador de la autoconciencia y las elecciones intencionales. Al cultivar la resiliencia emocional y adoptar mecanismos de afrontamiento saludables, los padres pueden contribuir a un hogar lleno de comprensión, compasión y, lo que es más importante, calma. Bienvenido a un viaje de autodescubrimiento y crecimiento, bienvenido a "Crianza tranquila".

CAPÍTULO I
Entendiendo el enojo de los padres

Los orígenes de la ira de los padres

La paternidad, un viaje profundo marcado por la alegría, el crecimiento y el amor, también abarca muchos desafíos que pueden evocar emociones fuertes. Entre estas emociones, la ira a menudo emerge como una fuerza poderosa, que afecta la dinámica padre-hijo y el entorno familiar. Comprender los orígenes de la ira de los padres es un paso fundamental para fomentar paisajes emocionales saludables dentro de las familias. Esta sección profundiza en las complejas raíces de la indignación de los padres, explorando las influencias sociales, los desencadenantes personales y el impacto de los factores estresantes en el bienestar emocional de las madres y los padres.

En el corazón de la ira de los padres se encuentra una confluencia de expectativas sociales, normas culturales y experiencias individuales que dan forma a la forma en que los padres navegan por el exigente terreno de la crianza de los hijos. La presión social para ajustarse a los estándares idealizados de crianza puede crear un entorno en el que los padres se sientan juzgados y examinados, lo que lleva a mayores niveles de estrés. El miedo a no cumplir con estas expectativas, ya sean reales o percibidas, puede contribuir a sentimientos de frustración e insuficiencia, preparando el escenario para el surgimiento de la ira como mecanismo de afrontamiento.

Las normas culturales y las prácticas históricas de crianza también juegan un papel importante en la configuración de la ira de los padres. En algunas culturas, puede haber expectativas implícitas con respecto a la autoridad y la disciplina de los padres, lo que puede influir en la forma en que los padres expresan y perciben la ira. Comprender el contexto cultural es esencial para desentrañar el complejo tapiz de emociones dentro de las familias, ya que permite una exploración matizada de cómo los factores sociales y culturales contribuyen a los orígenes de la ira de los padres.

Las experiencias individuales, incluida la crianza y la infancia, tienen un profundo impacto en la forma en que los padres navegan por el panorama emocional de la paternidad. Aquellos que experimentaron una disciplina severa o carecieron de modelos positivos a seguir pueden encontrarse lidiando con emociones no resueltas que afloran como ira cuando se enfrentan a los desafíos de la crianza de los hijos. Por otro lado, las personas con antecedentes de apoyo y crianza pueden aprovechar las experiencias positivas, dando forma a su enfoque de la crianza de los hijos de manera más constructiva. Explorar estas historias personales es crucial para comprender cómo las experiencias pasadas influyen en las respuestas emocionales de los padres.

Los factores estresantes y las demandas diarias de la vida moderna contribuyen significativamente a los orígenes de la ira de los padres. Equilibrar las responsabilidades laborales, las presiones financieras y las innumerables tareas asociadas con el cuidado puede crear un ambiente de alto estrés para los padres. En este contexto, la ira puede servir como una liberación emocional, una reacción a la presión abrumadora y una manifestación de la lucha por mantener el equilibrio frente a las demandas constantes. Reconocer y abordar estos factores estresantes externos es fundamental para desarrollar estrategias para manejar la ira de manera efectiva.

La ira de los padres a menudo se cruza con los desafíos de la comunicación dentro de las familias. La incapacidad de expresar las emociones de forma abierta y constructiva puede conducir a la supresión de la ira, que más tarde puede resurgir de forma inesperada e intensa. Por el contrario, la falta de canales de comunicación efectivos entre padres e hijos puede contribuir a malentendidos, exacerbando la frustración y el enojo de los padres. Explorar patrones de comunicación saludables y fomentar el diálogo abierto dentro de la familia es fundamental para romper el ciclo de la ira y crear un entorno emocional más comprensivo.

Además, las expectativas que los padres establecen para sí mismos pueden ser una fuente importante de enojo cuando no se cumplen. Esforzarse por alcanzar la perfección o intentar cumplir ideales poco realistas puede conducir al estrés y la frustración autoimpuestos. Aceptar que la imperfección es una parte natural del viaje de crianza y abrazar la autocompasión permite a los padres navegar por los desafíos con un mayor sentido de resiliencia y comprensión, mitigando la posibilidad de que surja la ira.

El papel de las influencias externas, como las representaciones de los medios de comunicación sobre la crianza de los hijos y las narrativas sociales, debe tenerse en cuenta al examinar los orígenes de la ira de los padres. Los medios de comunicación a menudo perpetúan representaciones poco realistas de la crianza idealizada, creando expectativas poco realistas que contribuyen a sentimientos de insuficiencia y frustración entre los padres. Las narrativas sociales que equiparan la ira con la asertividad o el control también pueden influir en el comportamiento de los padres, dando forma a la forma en que los padres expresan y perciben sus emociones dentro de la dinámica familiar.

En conclusión, los orígenes de la ira de los padres son multifacéticos y abarcan las expectativas sociales, las influencias culturales, las experiencias personales y el impacto de los factores estresantes diarios. Al desentrañar la compleja interacción de estos factores, los padres pueden obtener información valiosa sobre las raíces de su ira, fomentando una comprensión más profunda de su paisaje emocional. Reconocer las dimensiones sociales, culturales e individuales de la ira de los padres permite un enfoque más holístico para el manejo de la ira, empoderando a los padres para navegar los desafíos de la paternidad con resiliencia, empatía y un compromiso para fomentar un entorno emocional más saludable dentro de sus familias.

Impacto en las relaciones entre padres e hijos

La ira de los padres, una emoción compleja y a menudo desafiante, puede afectar profundamente la relación entre padres e hijos, dando forma a la dinámica familiar. Comprender el impacto de la ira de los padres en estas relaciones cruciales es esencial para fomentar conexiones emocionales saludables y promover un entorno familiar de apoyo. Esta sección explora las repercusiones multifacéticas de la ira de los padres en las relaciones entre padres e hijos, profundizando en los efectos emocionales, psicológicos y a largo plazo que pueden extenderse a través del tejido de la vida familiar.

En esencia, la ira de los padres es una poderosa señal emocional dentro de la relación padre-hijo. Como observadores agudos del comportamiento de sus padres, los niños están muy en sintonía con los matices de la expresión emocional. Cuando los padres expresan su enojo a través de arrebatos verbales o señales no verbales, los niños internalizan estas señales, a menudo interpretándolas como indicadores de desaprobación, rechazo o miedo. El impacto en el bienestar emocional de los niños puede ser significativo, ya que contribuye a sentimientos de inseguridad, ansiedad y un sentido distorsionado de autoestima.

El costo emocional de la ira de los padres se extiende más allá de la reacción inmediata a la ira en sí. Los niños pueden internalizar el mensaje de que ellos son la causa de la ira de sus padres, lo que lleva a sentimientos de culpa o insuficiencia. El miedo a la ira de los padres puede crear un mayor estado de alerta, inhibiendo la capacidad del niño para expresarse abiertamente o tomar riesgos apropiados para su edad. Con el tiempo, estas respuestas emocionales pueden moldear la autopercepción del niño e influir en su resiliencia emocional general.

El impacto psicológico de la ira de los padres en los niños está estrechamente relacionado con la formación de patrones de apego y el desarrollo de habilidades de regulación emocional. El apego seguro, caracterizado por la confianza y la seguridad emocional, es crucial para el desarrollo saludable del niño. Sin embargo, la exposición repetida a la ira de los padres puede interrumpir la formación de apegos específicos, lo que puede conducir a estilos de apego inseguros. Los niños pueden desarrollar patrones de apego ansiosos o evitativos, lo que influye en su capacidad para establecer relaciones saludables y lidiar con las dificultades emocionales a medida que crecen.

La ira de los padres también puede influir en las habilidades de regulación emocional del niño. Los jóvenes observan y emulan a sus padres para aprender a controlar sus emociones. Si uno de los padres expresa constantemente su enojo de manera incontrolada o agresiva, el niño puede modelar comportamientos similares, lo que lleva a desafíos para manejar sus sentimientos de manera adecuada. Esta respuesta aprendida a la ira puede afectar las interacciones sociales, el rendimiento académico y el bienestar general del niño.

Además del impacto emocional y psicológico inmediato, la ira de los padres puede dar forma a la trayectoria a largo plazo de las relaciones entre padres e hijos. La pérdida de confianza entre padres e hijos es una posible consecuencia. La confianza puede erosionarse y puede surgir una sensación de incertidumbre cuando los niños perciben el enojo de sus padres como irracional o inesperado. La confianza debe reconstruirse para que las relaciones entre padres e hijos se reparen y fortalezcan.

Además, la ira de los padres puede influir significativamente en la dinámica de poder y autoridad dentro de la familia. Los niños pueden percibir la ira como una herramienta de control, lo que lleva a la obediencia por miedo en lugar de una comprensión genuina de las consecuencias. Esta dinámica puede dificultar el desarrollo de valores internalizados y la autodisciplina en los niños, ya que pueden priorizar evitar el castigo sobre la comprensión de la lógica detrás de las expectativas conductuales. Lograr un equilibrio entre la disciplina y la comunicación abierta es esencial para fomentar una dinámica de poder saludable dentro de la relación entre padres e hijos.

Los patrones de comunicación dentro de la familia son otra área profundamente afectada por la ira de los padres. Cuando la ira se convierte en un modo predominante de comunicación, el intercambio de ideas, sentimientos y preocupaciones puede ser sofocado. Los niños pueden ser reacios a expresarse abiertamente, por temor a las posibles repercusiones de compartir sus pensamientos o experiencias. Esta ruptura de la comunicación puede impedir el desarrollo de una relación saludable entre padres e hijos, ya que la conexión genuina se basa en el diálogo abierto y la comprensión mutua.

La ira de los padres también puede influir en la formación de mecanismos de afrontamiento en los niños. En respuesta al estrés de vivir en un entorno marcado por la rabia, los niños pueden desarrollar estrategias de afrontamiento desadaptativas, como el retraimiento, la agresión o la supresión emocional. Si bien inicialmente sirven como medidas de protección, estos mecanismos de afrontamiento pueden persistir en la edad adulta, afectando la capacidad del individuo para manejar el estrés y el conflicto de manera saludable y constructiva.

Abordar el impacto de la ira de los padres en las relaciones entre padres e hijos requiere un enfoque multifacético que abarque la autoconciencia, las habilidades de comunicación y el compromiso de fomentar el bienestar emocional dentro de la familia. Los padres pueden beneficiarse del cultivo de la atención plena, lo que implica estar presente en el momento y desarrollar una mayor conciencia de sus emociones y reacciones. Las prácticas de mindfulness permiten a los padres responder a las respuestas de forma más calmada e intencionada, lo que reduce la probabilidad de expresar la ira de forma reactiva o impulsiva.

La comunicación efectiva es una piedra angular de las relaciones saludables entre padres e hijos. Los padres pueden fomentar una atmósfera que fomente la comunicación abierta prestando atención a lo que dicen sus hijos, reconociendo sus emociones y ayudándolos a expresar sus sentimientos de manera saludable. Se cultiva un sentido de seguridad en los niños mediante el establecimiento de normas claras y coherentes y la provisión de explicaciones apropiadas para su edad de las consecuencias. Esto ayuda a los jóvenes a reconocer los límites familiares.

El apoyo profesional real, como el asesoramiento familiar o los talleres para padres, puede ser fundamental para abordar el impacto de la ira de los padres en las relaciones entre padres e hijos. Las intervenciones terapéuticas proporcionan un espacio seguro para que las personas exploren y naveguen por las causas subyacentes de la ira, desarrollen estrategias de afrontamiento eficaces y fortalezcan los vínculos que forman la base de una dinámica familiar saludable.

En conclusión, la ira de los padres impacta profundamente en las relaciones entre padres e hijos, influyendo en la dinámica emocional, psicológica y a largo plazo de las familias. Reconocer los efectos dominó de la ira de los padres es el primer paso para fomentar un ambiente familiar saludable. Al priorizar la comunicación abierta, cultivar el dominio de sí mismos y buscar el apoyo adecuado, los padres pueden superar los desafíos del manejo de la ira, fomentando una relación padre-hijo caracterizada por la confianza, la resiliencia emocional y la comprensión mutua. Al hacerlo, las familias pueden crear un espacio enriquecedor donde los niños prosperan emocionalmente, psicológicamente y en los lazos duraderos que dan forma a sus vidas.

Romper el ciclo de la ira

Una vez iniciado, el ciclo de ira dentro de las familias puede convertirse en un patrón persistente y desafiante que afecta el bienestar emocional de todos sus miembros. Romper este ciclo requiere un esfuerzo deliberado y concertado para comprender las raíces de la ira, desarrollar mecanismos de afrontamiento efectivos y fomentar un entorno enriquecedor que promueva el bienestar emocional. Esta sección explora la intrincada dinámica de romper el ciclo de la ira dentro de las familias, enfatizando la importancia de la autoconciencia y la comunicación y cultivando estrategias de afrontamiento positivas para crear una vida familiar más saludable y armoniosa.

En el centro de la ruptura del ciclo de la ira se encuentra el reconocimiento de que la ira es a menudo un síntoma de problemas subyacentes, y abordar estos problemas es primordial para lograr un cambio duradero. La autoconciencia se vuelve crucial en este proceso, ya que en los individuos deben examinar introspectivamente sus desencadenantes, reacciones y respuestas emocionales. Comprender la fuente de la ira, ya sea arraigada en experiencias personales, factores estresantes o necesidades insatisfechas, proporciona la base para romper el ciclo y crear un enfoque más consciente e intencional de la expresión emocional dentro de la familia.

La comunicación es un eje para romper el ciclo de la ira, sirviendo como el puente que conecta a los miembros de la familia y facilita la comprensión. Los miembros de la familia deben hablar abierta y honestamente de sus emociones, experiencias e inquietudes. La escucha activa, la empatía y la capacidad de autoexpresión asertiva pero educada son necesarias para una comunicación efectiva. Al crear un espacio seguro para el discurso abierto, las familias pueden abordar los problemas subyacentes, disipar los malentendidos y trabajar en colaboración para resolver los conflictos sin recurrir a la ira como respuesta predeterminada.

A menudo más vulnerables a la ira de los padres, los niños se benefician significativamente de un entorno familiar que prioriza la comunicación abierta y la expresión emocional. Como guías de movimiento, los padres deben enseñar a los niños formas saludables de expresar y manejar sus emociones. Al modelar la comunicación constructiva y proporcionar un marco para la regulación emocional, los padres contribuyen a romper el ciclo de la ira y equipar a sus hijos con habilidades esenciales para la vida para navegar positivamente las emociones.

Romper el ciclo de la ira también requiere cultivar mecanismos de afrontamiento positivos que reemplacen los patrones destructivos. En lugar de confiar en la ira como respuesta automática al estrés o la frustración, los miembros de la familia pueden desarrollar estrategias alternativas como la atención plena, los ejercicios de respiración profunda o la realización de actividades físicas para canalizar el exceso de energía. Los mecanismos de afrontamiento positivos alivian los síntomas inmediatos de la ira y contribuyen a un paisaje emocional más resistente y adaptativo dentro de la familia.

Crear un entorno emocionalmente seguro implica fomentar un sentido de confianza, seguridad y comunicación abierta. Los padres pueden lograr esto demostrando empatía de manera constante, brindando apoyo emocional y reconociendo sus vulnerabilidades. Cultivar la inteligencia emocional dentro de los padres prepara el escenario para una dinámica familiar emocionalmente saludable, donde la ira se aborda de manera proactiva en lugar de perpetuarse.

Romper el ciclo de la ira está íntimamente ligado al cultivo de la empatía dentro de la familia. La empatía es un potente contrapeso a la ira, ya que implica compartir y comprender los sentimientos de otra persona. Los miembros de la familia pueden manejar los desacuerdos con empatía y comprensión porque conocen las experiencias y los puntos de vista de los demás. Los miembros de la familia que se ponen en el lugar de los demás desarrollan un vínculo más fuerte y se suman a un ambiente familiar pacífico y alentador.

El perdón juega un papel fundamental para romper el ciclo de la ira y reconstruir la confianza dentro de las familias. Aferrarse a rencores y resentimientos perpetúa una capa de negatividad e impide una curación emocional genuina. Los miembros de la familia deben estar dispuestos a perdonar, tanto a sí mismos como a otras personas, y entender que hacerlo es una decisión deliberada para dejar de lado el peso emocional y seguir adelante, no para excusar los comportamientos que los hicieron enojar en primer lugar. Las familias pueden fomentar el desarrollo, la resiliencia y la fusión de patrones de relación más saludables al perdonarse unos a otros.

Las rutinas y rituales familiares le dan a la familia estructura y previsibilidad, lo que beneficia el bienestar emocional general de los miembros. Se cultiva un sentimiento de conexión y pertenencia mediante la creación de rutinas para comunicarse, pasar tiempo juntos y compartir actividades. Sin rituales regulares, la familia podría sentirse más estresada y confundida, lo que aumenta la posibilidad de que se enojen en respuesta a problemas o disturbios.

Para romper el ciclo de la ira, es crucial buscar apoyo externo cuando sea necesario. El asesoramiento profesional, la terapia familiar o los talleres para padres ofrecen recursos valiosos para las familias que luchan con la dinámica persistente de la ira. Los expertos capacitados pueden ofrecer percepciones, instrumentos y tácticas para lidiar con las razones subyacentes de la ira, mejorar el diálogo y establecer una atmósfera enriquecedora para cada miembro de la familia. Para interrumpir los patrones dañinos y promover un crecimiento positivo, pedir ayuda es un primer paso proactivo y empoderado.

Las iniciativas educativas dentro de las familias contribuyen significativamente a romper el ciclo de la ira. Al educar a los miembros de la familia sobre el impacto de la ira en el bienestar emocional, las relaciones interpersonales y la dinámica familiar en general, las personas obtienen una comprensión más profunda de las consecuencias de perpetuar el ciclo. El conocimiento empodera a los miembros de la familia para que tomen decisiones informadas, adopten mecanismos de afrontamiento más saludables y contribuyan activamente a crear una unidad familiar más resiliente emocionalmente.

En conclusión, romper el ciclo de la ira dentro de las familias es un viaje transformador que requiere autoconciencia, comunicación y el cultivo de mecanismos de afrontamiento positivos. Las familias pueden reemplazar la ira con comprensión, empatía y resiliencia abordando los problemas subyacentes que contribuyen a un ger, fomentando la comunicación abierta y desarrollando formas más saludables de manejar las emociones. Romper el ciclo requiere tiempo, esfuerzo y trabajo y un compromiso compartido para promover el bienestar emocional en la familia. Al hacer estos esfuerzos deliberados, las familias pueden liberarse de la ira y sentar las bases para el bienestar emocional a largo plazo. También pueden allanar el camino hacia una atmósfera más pacífica y de apoyo.

CAPÍTULO II
La Conexión Mente- Cuerpo

Reconocer los desencadenantes físicos y emocionales

El camino hacia el manejo efectivo de la ira comienza con el reconocimiento y la comprensión de los desencadenantes físicos y emocionales que alimentan las llamas de la ira. La ira es una señal potente en el intrincado tapiz de las emociones humanas, que advierte a las personas de peligros o dificultades imaginarios. Comprender las complejidades de estos desencadenantes emocionales y físicos abre las puertas a una autoconciencia más profunda. Permite a las personas reaccionar a las circunstancias de forma intencionada en lugar de reflexiva. Esta sección profundiza en los aspectos sutiles de la identificación de desencadenantes físicos y emocionales, destacando su importancia en el manejo de la ira y el fomento de la salud mental en general.

Dado que los desencadenantes físicos a menudo están relacionados con las reacciones fisiológicas del cuerpo, son cruciales para manifestar la ira. La naturaleza humana está moldeada por la respuesta de "lucha o huida", que da lugar a varias reacciones fisiológicas, como la presión arterial elevada, la frecuencia cardíaca y la creación de hormonas del estrés. Estas alteraciones fisiológicas preparan al cuerpo para responder a los peligros percibidos. Aunque evolucionadamente adaptada, esta respuesta puede conducir a estados emocionales elevados que fomentan la propensión de un individuo a la ira en situaciones contemporáneas.

Los desencadenantes físicos pueden manifestarse de varias formas, y cada persona tiene sensibilidades únicas a los estímulos de su entorno. Los factores externos, como los ruidos fuertes, los espacios concurridos o incluso los olores específicos, pueden activar la respuesta del cuerpo al estrés, sentando las bases para que surja la ira. Comprender los desencadenantes físicos implica una observación aguda y la voluntad de identificar patrones en las reacciones del cuerpo a diferentes situaciones. Esta conciencia proporciona la base para implementar estrategias proactivas para mitigar el impacto de los desencadenantes físicos en la ira.

Además de los estímulos externos, los estados físicos internos también contribuyen a la activación de la ira. Factores como la fatiga, el hambre o el malestar físico reducen el umbral de irritabilidad, lo que hace que las personas sean más susceptibles a la ira. En el ajetreo y el bullicio de la vida diaria, las personas pueden pasar por alto estas señales internas, permitiendo involuntariamente que los desencadenantes físicos se acumulen y culminen en rabia. Priorizar el autocuidado, incluido el descanso suficiente, la ausencia de cansancio y la actividad física regular, se vuelve crucial para controlar los desencadenantes físicos internos y promover el bienestar emocional general.

Los desencadenantes emocionales, intrincadamente vinculados a pensamientos, creencias y experiencias pasadas, representan otra dimensión de la ecuación de la ira. Estos desencadenantes suelen ser más complejos y sinceramente arraigados, lo que requiere introspección y la voluntad de explorar el paisaje emocional subyacente. Comprender los desencadenantes emocionales implica reconocer patrones de pensamiento e identificar temas que conducen constantemente a la ira. Se requiere un cierto nivel de vulnerabilidad y compromiso conjunto para profundizar en las complejidades emocionales que subyacen a las reacciones de ira.

Las experiencias pasadas y las emociones no resueltas pueden servir como potentes desencadenantes emocionales. Los eventos traumáticos, los sentimientos de inadecuación o los problemas insatisfechos de la infancia pueden resurgir en el presente, lo que contribuye a respuestas emocionales intensas, incluida la ira. Reconocer y procesar estos desencadenantes emocionales más profundos a menudo requiere el apoyo de intervenciones terapéuticas, como el asesoramiento o la psicoterapia, que brindan a las personas herramientas para navegar y sanar de heridas pasadas.

Las distorsiones cognitivas, o patrones de pensamiento distorsionado, representan otra categoría de desencadenantes emocionales. Estas distorsiones, como el pensamiento en blanco y negro, el atastrofismo o la personalización, pueden sesgar la percepción de la realidad, lo que lleva a un aumento de las respuestas emocionales. Reconocer y desafiar estos pensamientos distorsionados a través de estrategias cognitivo-conductuales es fundamental para alterar los patrones de pensamiento que contribuyen a la ira. Al cultivar una perspectiva más equilibrada y racional, las personas pueden mitigar el impacto de las distorsiones cognitivas en su bienestar emocional.

Las relaciones interpersonales, a menudo una fuente de alegría y estrés, pueden ser un terreno fértil para los desencadenantes emocionales. Los conflictos no resueltos, las expectativas insatisfechas o las rupturas de comunicación pueden alimentar la ira dentro de las relaciones. Reconocer los patrones de interacción y las dinámicas específicas que desencadenan la ira es esencial para fomentar relaciones más saludables. La comunicación efectiva, la empatía y la escucha activa se convierten en herramientas cruciales para abordar los desencadenantes emocionales dentro de los contextos interpersonales.

Los medios de comunicación y las influencias sociales representan fuentes externas de desencadenantes emocionales que dan forma a las perspectivas individuales y contribuyen a la ira. La exposición a noticias negativas, injusticias sociales o narrativas discriminatorias puede evocar fuertes respuestas emocionales. Reconocer el impacto de las influencias externas en el estado emocional de una persona permite a las personas consumir los medios de comunicación de forma consciente, eligiendo activamente fuentes que se alineen con sus valores y promoviendo una perspectiva emocional más equilibrada.

Identificar los desencadenantes mentales y físicos requiere un ciclo continuo de observación, introspección y modificación. Los ejercicios de respiración profunda y otras técnicas de atención plena son herramientas valiosas para aumentar la conciencia de los propios estados emocionales y físicos. Ser consciente permite a las personas notar sus sentimientos y experiencias corporales sin reaccionar de inmediato, promoviendo una reacción más deliberada y tranquila a los factores estresantes.

Escribir un diario proporciona otra vía para la autorreflexión, lo que permite a las personas documentar patrones de ira, identificar desencadenantes y explorar las emociones subyacentes asociadas con situaciones específicas. A través de un diario constante, las personas obtienen información sobre su panorama emocional, descubriendo temas recurrentes y factores contribuyentes que pueden informar el desarrollo de estrategias efectivas de manejo de la ira.

La autoconciencia, cultivada a través de la atención plena y las prácticas reflexivas, es la piedra angular para romper el ciclo de la ira reactiva. Al reconocer la interacción entre los desencadenantes físicos y emo ionales, los individuos pueden intervenir en etapas más tempranas, evitando la escalada de la ira. Esta conciencia empodera a las personas para tomar decisiones intencionales al responder a los desencadenantes mediante la implementación de estrategias de afrontamiento y habilidades de comunicación o la búsqueda de apoyo cuando sea necesario.

Las estrategias efectivas de manejo de la ira implican no solo reconocer los desencadenantes, sino también desarrollar un repertorio de mecanismos de afrontamiento que aborden las dimensiones físicas y emocionales de la ira. La relajación muscular progresiva y la meditación guiada son dos ejemplos de prácticas mente-cuerpo que pueden ayudar a reducir las reacciones fisiológicas relacionadas con la ira. Estos métodos alivian el estrés, fomentan la relajación y crean una barrera para evitar que la ira empeore.

Las estrategias cognitivas se centran en desafiar y replantear los pensamientos distorsionados que contribuyen a la ira. Al adoptar una perspectiva más equilibrada y racional, los individuos pueden alterar los patrones mentales que alimentan las reacciones emocionales. Este proceso implica cuestionar la exactitud de los pensamientos, considerar interpretaciones alternativas y elegir conscientemente formas de pensar más adaptativas.

Las habilidades de comunicación, incluida la asertividad y la escucha activa, son herramientas indispensables en el manejo de la ira. Cuando las personas se comunican asertivamente, pueden respetar y expresar claramente sus necesidades, sentimientos y límites, lo que disminuye la posibilidad de que se enojen por expectativas incumplidas o problemas no resueltos. Por el contrario, la escucha atenta reduce el impacto de los desencadenantes emocionales al fomentar la empatía y la comprensión en las conexiones interpersonales.

Las técnicas para poner fin al círculo vicioso de la ira involucran acciones individuales y el entorno familiar o social más prominente. De forma colaborativa, los miembros de la familia o amigos cercanos pueden establecer una conciencia compartida de los factores desencadenantes y cooperar para establecer una atmósfera que promueva la salud emocional. La dedicación al desarrollo personal, el respeto mutuo y la comunicación abierta respaldan la resiliencia general del sistema social para identificar y reducir las causas de la ira.

En conclusión, reconocer los desencadenantes físicos y emocionales es fundamental para el manejo eficaz de la ira y el bienestar emocional general. A través de la autoconciencia, las personas pueden desentrañar la intrincada red de factores desencadenantes que contribuyen a la ira, fomentando una mayor comprensión de su paisaje dinámico. Las personas pueden romper el ciclo de la ira reactiva implementando mecanismos de afrontamiento proactivos, desafiando los pensamientos distorsionados y cultivando habilidades prácticas de comunicación. Este proceso intencional y continuo empodera a las personas para navegar la ira con mayor habilidad y contribuye a crear un entorno emocional más saludable y armonioso dentro de sí mismos y sus relaciones.

Técnicas de manejo del estrés

El estrés se ha convertido en un compañero omnipresente para muchas personas en el panorama acelerado y exigente de la vida moderna. Hacer malabarismos con las responsabilidades laborales, los compromisos personales y la afluencia constante de información puede crear tensión e inquietud. La adopción de técnicas eficientes de gestión del estrés se vuelve esencial cuando se consideran los impactos negativos del estrés continuo en la salud física y mental. Esta sección profundiza en una amplia gama de estrategias de manejo del estrés, incluidos ejercicios de atención plena, actividad física, técnicas de relajación y modificaciones en el estilo de vida que trabajan juntas para apoyar la resiliencia y el bienestar general.

Con raíces en antiguas prácticas contemplativas, la atención plena se ha convertido en una potente herramienta para reducir el estrés en la era moderna. Cultivar una mayor conciencia de la madre actual sin emitir juicios es el objetivo de la atención plena. Técnicas como la caminata de atención plena, la respiración profunda y la meditación permiten a las personas conectarse con el aquí y el ahora, poniendo fin al ciclo de preocupación y rumiación que con frecuencia sigue a situaciones estresantes. A través de la práctica de la conciencia sin prejuicios de los deberes y las sensaciones, la atención plena ayuda a las personas a responder a los desafíos con más calma y claridad.

Una técnica destacada de mindfulness es la meditación de mindfulness, en la que las personas dedican tiempo a centrar su atención en la respiración o en un punto específico de conciencia. Este enfoque intencional ayuda a calmar la mente, reducir las respuestas fisiológicas inducidas por el vestido y promover la paz interior. Se ha demostrado que la meditación de atención plena alivia el estrés y contribuye a mejorar a largo plazo el bienestar emocional, la atención y la resiliencia general para enfrentar los desafíos de la vida.

La actividad física, incluido el ejercicio regular, es una potente técnica de manejo del estrés con beneficios multifacéticos. La actividad física libera endorfinas, los elevadores naturales del estado de ánimo del cuerpo, lo que contribuye a mejorar el estado de ánimo y reducir los niveles de estrés. El ejercicio también ayuda a regular las responsabilidades fisiológicas asociadas con el estrés, como la frecuencia cardíaca elevada y los niveles de cortisol. Ya sea a través de actividades aeróbicas como correr o hacer ejercicio, entrenamiento de fuerza o prácticas más conscientes como el yoga, la actividad física proporciona un enfoque holístico para el manejo del estrés, promoviendo el bienestar físico y mental.

Por ejemplo, el yoga ofrece un método integral para reducir el estrés al fusionar las posturas físicas con la meditación y el control de la respiración. La respiración deliberada y las posturas suaves del yoga ayudan a las personas a relajarse y crear una conexión mente-cuerpo que reduce el estrés. Los elementos meditativos del yoga promueven la awa eness del momento presente, lo que ayuda a las personas a ser menos reactivas al estrés y a desarrollar una perspectiva más centrada y equilibrada.

Las técnicas de relajación, que van desde la relajación muscular progresiva hasta la imaginación guiada, proporcionan a las personas herramientas para contrarrestar las respuestas fisiológicas al estrés. Al tensar y soltar varios grupos musculares, la relajación muscular progresiva fomenta la relajación física y un estado proporcional de tranquilidad mental. Al animar a las personas a imaginar escenarios serenos y tranquilos, las imágenes guiadas les ayudan a relajarse y a cambiar su enfoque de las situaciones estresantes. Estos métodos son fáciles de obtener y pueden ser utilizados por uno mismo, bajo la supervisión de grabaciones de audio o por expertos en el manejo del estrés.

La respiración diafragmática, a menudo conocida como control de la respiración, es un potente método relajante que modifica la reacción de estrés del cuerpo. Al concentrarse en respiraciones profundas y constantes que involucran el diafragma, las personas pueden desencadenar la respuesta de relajación en sus cuerpos, lo que disminuye los efectos adversos del estrés en el sistema nervioso. La práctica regular de la respiración diafragmática produce una mayor conciencia de la propia respiración como herramienta para el manejo del estrés en diversos entornos e induce instantáneamente una sensación de serenidad.

El manejo del estrés a largo plazo depende en gran medida de los cambios en el estilo de vida. Dado que el sueño insuficiente o perturbado puede aumentar los niveles de estrés, el desarrollo de patrones de sueño saludables es esencial para el manejo del estrés. Dedicar suficiente tiempo a dormir bien promueve la resiliencia mental y física, mejorando la capacidad del cuerpo para manejar el estrés en la vida diaria. Mantener una dieta sana y equilibrada también ayuda al bienestar general, ya que le da al cuerpo los recursos que necesita para rendir al máximo bajo presión.

La gestión del tiempo y el establecimiento de expectativas realistas son ajustes cruciales en el estilo de vida en el contexto de la gestión del estrés. Las personas a menudo sucumben al estrés cuando se enfrentan a cargas de trabajo abrumadoras o demandas poco realistas. Aprender a priorizar tareas, delegar responsabilidades y establecer límites permite a las personas navegar por sus deberes de manera más efectiva, reduciendo la probabilidad de estrés crónico. Establecer expectativas realistas para uno mismo y reconocer las limitaciones fomenta un enfoque más compasivo y adaptable a los desafíos de la vida.

El apoyo social, una técnica de manejo del estrés a menudo subestimada, promueve la resiliencia. Conectarse con amigos, familiares o grupos de apoyo proporciona una vía para compartir experiencias, obtener perspectiva y recibir apoyo emocional. La hormona oxitocina, que promueve las emociones de unión y disminuye el estrés, también se libera en respuesta a las interacciones sociales. La creación de un sistema de apoyo y el fomento de conexiones saludables son elementos esenciales de un plan integral de gestión del estrés.

La terapia cognitivo-conductual tiene como objetivo cambiar las creencias y los procesos mentales que conducen al estrés. Al reconocer y combatir los patrones de pensamiento negativos, incluido el pensamiento de todo o nada o el catastrofismo, las personas pueden cambiar la forma en que ven el mundo y aprender a responder de manera más adecuada al estrés. Con la reestructuración cognitiva, utilizada con frecuencia en contextos terapéuticos, las personas pueden reemplazar ideas estresantes e ilógicas por otras más sensatas y útiles.

La biorretroalimentación, una técnica que proporciona a las personas información en tiempo real sobre los procesos fisiológicos, les permite influir conscientemente en las respuestas de su cuerpo al estrés. Las personas obtienen información sobre sus relaciones fisiológicas mediante el control de parámetros como la frecuencia cardíaca, la tensión muscular o la temperatura de la piel. A menudo guiadas por profesionales, las sesiones de biorretroalimentación permiten a las personas desarrollar un mayor control sobre sus respuestas corporales, promoviendo la relajación y la reducción del estrés.

En conclusión, el manejo del estrés es un esfuerzo multifacético que combina técnicas para abordar las dimensiones físicas, mentales y de estilo de vida del estrés. Las prácticas de atención plena, la actividad física, las técnicas de relajación, los ajustes en el estilo de vida y el apoyo social cultivan colectivamente la resiliencia y el bienestar. La integración de estas técnicas en la vida diaria permite a las personas navegar por el estrés de manera más efectiva, fomentando un enfoque equilibrado y adaptable a los desafíos de la vida moderna. A medida que las personas adoptan una comprensión holística de la gestión de la salud, se embarcan en un viaje hacia una mayor autoconciencia, bienestar emocional y una respuesta más resistente a las complejidades de la vida.

Mindfulness y crianza de los hijos

La crianza de los hijos, un viaje profundo y multifacético, a menudo se caracteriza por muchas responsabilidades, desafíos y alegrías. En el torbellino de las tareas diarias, es fácil que los padres se enreden en las exigencias del momento presente, navegando por una compleja red de emociones y responsabilidades. La atención plena, arraigada en la antigua práctica contemplativa, se ha convertido en una herramienta transformadora para los padres que buscan navegar por el intrincado terreno de la crianza de los hijos con una presencia, compasión y resiliencia emocional más significativas. Esta sección explora la profunda intersección de la sexualidad y la crianza de los hijos, profundizando en cómo las prácticas de atención plena mejoran la relación entre padres e hijos, promueven el bienestar emocional y empoderan a los padres para cultivar un enfoque más intencional y conectado para criar a los hijos.

Una mayor conciencia del momento presente combinada con una mentalidad de aceptación y sin prejuicios es lo que implica la atención plena. Cuando se trata de la crianza de los hijos, la atención plena anima a los padres a prestar atención intencional a sus hijos y a los momentos que se desarrollan en su vida familiar con una mente abierta. Al liberarse de las garras de las respuestas automáticas, los padres pueden responder a los problemas siempre cambiantes de la crianza de los hijos con una consideración y empatía más significativas cuando están presentes intencionalmente.

Una de las contribuciones fundamentales del mindfulness a la crianza de los hijos es su capacidad para profundizar en la relación padre-hijo. Los padres crean un ambiente de seguridad emocional y conexión al estar completamente presentes y en sintonía con sus hijos. La crianza consciente implica escuchar a los niños, reconocer sus emociones y reaccionar ante ellas de manera comprensiva y perceptiva. La base para un buen apego y bienestar emocional se establece con esta expiación, que fortalece el vínculo padre-hijo al fomentar un sentido de confianza y seguridad.

Criar a los hijos con atención plena puede ser especialmente beneficioso en momentos complejos o conflictivos. Los padres conscientes esperan para responder a una situación problemática sobre el mal comportamiento de su hijo en lugar de actuar impulsivamente. Pueden observar sus sentimientos durante este tiempo y definir en función de sus valores y objetivos de crianza a largo plazo. En este sentido, el mindfulness actúa como una barrera protectora contra la crianza reactiva, permitiendo a los padres manejar los momentos de disciplina con serenidad y moderación.

Las técnicas de atención plena, como los ejercicios de escaneo corporal o la respiración consciente, permiten a los padres controlar sus emociones y manejar el estrés. Siempre habrá momentos en los que ser padre cause frustración, cansancio y exigencias excesivas. Criar a los hijos con atención plena les permite identificar estos sentimientos sin sentirse abrumados. Los padres pueden manejar los altibajos de la paternidad con más resiliencia emocional practicando la atención plena o centrándose en el aquí y ahora.

Un aspecto crucial de la crianza consciente es el cultivo de la autocompasión. La crianza de los hijos, con sus inevitables imperfecciones y desafíos, puede evocar culpa, dudas o insuficiencia. El mindfulness anima a los padres a acercarse a sí mismos con la misma amabilidad y comprensión que extienden a sus hijos. Abrazar la autocompasión permite a los padres reconocer que no son inmunes a los errores, y que el viaje de la crianza de los hijos está marcado por el crecimiento, el aprendizaje y el esfuerzo continuo por dar lo mejor de uno mismo.

El mindfulness se extiende más allá de las prácticas individuales para abarcar el entorno familiar en su conjunto. Las familias conscientes priorizan los momentos compartidos de presencia y conexión. Ya sea a través de comidas conscientes, paseos familiares o rituales en la cama, estos momentos intencionales crean un sentido de unidad y fortalecen los lazos familiares. Las familias conscientes también adoptan el concepto de "crianza lenta", abogando por un enfoque equilibrado y presente que valora el tiempo de calidad sobre la cantidad.

Los beneficios de la atención plena en la crianza de los hijos también se extienden a los niños. Los padres conscientes modelan la regulación emocional, la comunicación efectiva y la empatía, lo que brinda a los niños herramientas invaluables para navegar por las emociones y las relaciones. El estilo de crianza sintonizado y receptivo asociado con la atención plena contribuye a desarrollar un apego seguro, una base crucial para un desarrollo socioemocional saludable en los niños.

Las prácticas de mindfulness también ayudan a los niños a desarrollar sus habilidades de autorregulación. Los niños aprenden a anclarse en el presente, a manejar el estrés y a cultivar la resiliencia emocional a través de actividades de atención plena apropiadas para su edad, como la respiración consciente o las imágenes guiadas. Estas prácticas empoderan a los niños para que naveguen por los desafíos de crecer con una mayor conciencia de sí mismos y una caja de herramientas de mecanismos de afrontamiento.

La incorporación de la atención plena en la crianza de los hijos no requiere prácticas elaboradas ni sesiones prolongadas. Los momentos simples pero poderosos del presente pueden ayudar a la atención plena corporativa en la vida cotidiana. Los pequeños actos de atención plena, como detenerse para disfrutar de un concierto juntos, prestar atención durante una conversación o tomarse un momento para respirar juntos, se suman a una dinámica familiar más decidida y cohesiva.

La atención plena también contribuye a una mentalidad de crianza más adaptativa y flexible. La crianza de los hijos a menudo implica navegar por incertidumbres, desafíos inesperados y etapas de desarrollo en evolución. La atención plena anima a los padres a abordar estos momentos con una mentalidad abierta y sin prejuicios, abrazando la naturaleza siempre cambiante de la crianza de los hijos. La capacidad de responder a los desafíos de manera flexible y resiliente es un sello distintivo de la crianza consciente.

La integración de la atención plena en la crianza de los hijos se alinea con la investigación contemporánea que destaca sus efectos positivos en la salud mental y el bienestar. Los estudios han demostrado que las prácticas de atención plena provocan síntomas de estrés, ansiedad y depresión en los padres, creando un entorno de mayor apoyo emocional tanto para los padres como para los hijos. Los beneficios también se extienden al ámbito físico, ya que se ha demostrado que la atención plena mejora la calidad del sueño y la salud fisiológica en general.

Los programas de mindfulness se han convertido en herramientas valiosas para promover el bienestar emocional y el comportamiento positivo de los niños en entornos educativos. Las intervenciones escolares basadas en la atención plena enseñan a los niños habilidades esenciales para la regulación emocional, el control de la atención y la resolución de conflictos. Al incorporar la atención plena en la crianza de los hijos, las familias pueden complementar y reforzar estas habilidades, creando un entorno armonioso y de apoyo para el desarrollo de los niños.

En conclusión, integrar la atención plena en la crianza de los hijos representa un enfoque profundo y transformador para criar a los hijos. Las prácticas de atención plena mejoran la relación entre padres e hijos, promueven el bienestar emocional y empoderan a los padres para navegar por las complejidades de la crianza de los hijos con una presencia e intencionalidad más significativas. Al cultivar una mentalidad de crianza consciente, los padres pueden contribuir a su bienestar y al desarrollo de niños resilientes, conscientes de sí mismos y emocionalmente inteligentes. A medida que las familias adoptan los principios de la atención plena, se embarcan en un viaje que enriquece el tejido de sus experiencias compartidas, fomentando la conexión, la comprensión y una profunda sensación de bienestar.

CAPÍTULO III
Estrategias de comunicación

Habilidades de escucha efectivas

La escucha efectiva es una habilidad que trasciende la mera audición; Es el arte de comprender, empatizar y conectarse con los demás a un nivel profundo. En un mundo saturado de información y estímulos constantes, la capacidad de escuchar con intencionalidad se ha convertido en un rasgo raro e invaluable. Esta sección explora las dimensiones multifacéticas de las habilidades prácticas de escucha, profundizando en la importancia de la escucha activa, la comprensión empática y el impacto transformador de la conexión genuina tanto en contextos personales como profesionales.

La escucha activa está en el corazón de la escucha efectiva, un proceso dinámico que va más allá de escuchar palabras pasivamente para involucrarse activamente con el mensaje del hablante. La escucha activa implica prestar toda la atención, procesar la información y responder de forma reflexiva. Este compromiso deliberado requiere que el oyente deje de lado las distracciones internas, como las nociones preconcebidas o los prejuicios personales, y se concentre en las palabras y las señales no verbales del hablante. La escucha activa no es simplemente esperar su turno para hablar, sino que implica una curiosidad genuina y una apertura para comprender la perspectiva del hablante.

La comprensión empática es un componente crucial de la escucha efectiva, ya que requiere que el oyente no solo comprenda el contenido del mensaje, sino que también aprecie los matices emocionales transmitidos por el hablante. La empatía implica ponerse en el lugar del hablante, reconocer sus sentimientos y responder con sinceridad. El oyente establece un ambiente seguro y alentador para que el hablante se exprese honestamente exhibiendo empatía. Al crear confianza y solidificar la conexión interpersonal, esta resonancia emocional ayuda a las personas a interactuar más entre sí.

La escucha efectiva es esencial para el trabajo en equipo productivo, la resolución exitosa de disputas y el liderazgo en el lugar de trabajo. Los oyentes eficaces pueden comprender mejor los deseos y requisitos de los miembros de su equipo, lo que fomenta la cooperación y la confianza. La escucha activa garantiza que se tengan en cuenta los diferentes puntos de vista y fomenta un ambiente inclusivo en los entornos de equipo. El liderazgo efectivo es escuchar atentamente a los subordinados, clientes y compañeros de trabajo. Esto ayuda a las empresas a funcionar con más éxito en su conjunto.

En las relaciones interpersonales, la escucha efectiva sirve como la piedra angular de una comunicación saludable. Fomenta la comprensión, reduce los malentendidos y fomenta un sentido de validación de las experiencias y emociones de cada persona. Las parejas que practican la escucha activa y empática están mejor equipadas para superar los desafíos, resolver conflictos y fortalecer su conexión emocional. Las relaciones entre padres e hijos se benefician significativamente de la escucha efectiva, ya que los padres en sintonía con las necesidades y sentimientos de sus hijos crean un entorno de apoyo y enriquecimiento para un desarrollo saludable.

Además de proporcionar una conectividad sin precedentes, la era digital también ha introducido desafíos para una escucha efectiva. La prevalencia de la comunicación virtual, caracterizada por mensajes de texto, correos electrónicos e interacciones en las redes sociales, a menudo necesita una mayor riqueza de la comunicación cara a cara. Las malas interpretaciones y los malentendidos pueden surgir rápidamente sin señales no verbales y matices vocales. A medida que las personas navegan por este panorama digital, cultivar habilidades prácticas de escucha se vuelve aún más crítico para construir conexiones significativas y evitar las trampas de la falta de comunicación.

Escuchar en la era digital también implica gestionar la afluencia constante de información de diversas fuentes. La capacidad de discernir la información relevante, filtrar las distracciones y priorizar el compromiso activo con contenido significativo es esencial. A medida que las personas consumen grandes cantidades de información a diario, perfeccionar las habilidades prácticas de escucha les permite extraer información valiosa, tomar decisiones informadas y participar de manera significativa en conversaciones en línea y fuera de línea.

La práctica de la atención plena ayuda drásticamente al desarrollo de habilidades de escucha útiles. Para escuchar atentamente, uno debe eliminar las distracciones de sus pensamientos, concentrarse completamente en el orador y escuchar lo que tiene que decir. Al animar a las personas a darse cuenta de sus ideas sin juzgarlas, la atención plena reduce la posibilidad de que los oyentes creen opiniones o suposiciones mientras el orador sigue hablando. Las personas pueden mejorar su capacidad de escucha con atención y empatía agregando atención plena.

La competencia cultural es fundamental para una escucha eficaz, especialmente en entornos diversos y multiculturales. Comprender el contexto cultural, las normas y los estilos de comunicación de los demás mejora la capacidad del oyente para interpretar los mensajes con precisión y responder adecuadamente. La competencia cultural implica la voluntad de aprender, adaptarse y abordar las conversaciones con sensibilidad a los antecedentes culturales de los involucrados. Las personas enriquecen sus habilidades de escucha al aceptar la diversidad cultural y promover una comunicación inclusiva y respetuosa.

El contexto educativo enfatiza la importancia de la escucha efectiva para estudiantes y educadores. Los estudiantes con fuertes habilidades de escucha están mejor posicionados para comprender conceptos complejos, participar activamente en discusiones en el aula y desempeñarse académicamente. Los educadores, a su vez, desempeñan un papel crucial en el modelado de comportamientos de escucha efectivos, la creación de un entorno de aprendizaje inclusivo y el fomento de una atmósfera de colaboración. En los entornos educativos, la escucha efectiva es un proceso recíproco que mejora la experiencia de aprendizaje de todos los participantes.

Superar las barreras para una escucha efectiva requiere identificar y abordar conscientemente los errores comunes. Estas barreras incluyen la escucha selectiva, en la que las personas solo se centran en los aspectos del mensaje que se alinean con sus creencias existentes; la escucha crítica, caracterizada por la formación de opiniones o evaluaciones antes de comprender plenamente la perspectiva del hablante; y la escucha defensiva, en la que los individuos perciben las críticas y responden con una actitud defensiva en lugar de abierta. Al reconocer y mitigar estas barreras, las personas pueden allanar el camino para una comunicación más significativa y constructiva.

Además de contribuir a la conectividad global, la tecnología también ha introducido distracciones que dificultan la escucha efectiva. Las notificaciones constantes, la multitarea y la tentación de revisar los dispositivos durante las conversaciones pueden socavar la calidad de la escucha. La atención plena digital, que implica establecer límites para el uso de dispositivos y priorizar las interacciones cara a cara, ayuda a las personas a recuperar su atención y cultivar hábitos de escucha efectivos en la era digital.

La escucha efectiva es una habilidad que se puede desarrollar y refinar a través de la práctica intencional y la autorreflexión. Los ejercicios de escucha activa, los escenarios de juego de roles y la retroalimentación de compañeros o mentores permiten a las personas perfeccionar sus habilidades de escucha. Además, la búsqueda de diversas perspectivas, entablar conversaciones con personas de diferentes orígenes y exponerse a diversos estilos de comunicación contribuyen a mejorar las habilidades prácticas de escucha.

En conclusión, la escucha efectiva es una habilidad transformadora que trasciende la comunicación; Es el puente que conecta a las personas, fomenta la comprensión y cultiva relaciones significativas. La escucha activa, la comprensión empática y la competencia cultural forman la base de las habilidades prácticas de escucha, influyendo en los dominios personales, profesionales y educativos. A medida que las personas navegan por las complejidades de la comunicación en la era digital, el arte atemporal de la escucha efectiva sigue siendo una herramienta poderosa para fomentar la conexión, promover la colaboración y enriquecer el tejido de la interacción humana.

Comunicación asertiva

La comunicación efectiva es la piedra angular de las interacciones interpersonales exitosas, y dentro de este ámbito, la comunicación asertiva se destaca como un enfoque poderoso y equilibrado. Respetar los derechos y las perspectivas de los demás y al mismo tiempo ser abierto y honesto al expresar los propios pensamientos, sentimientos y necesidades es un componente fundamental de la asertividad. En esta parte se examinan las muchas facetas de la comunicación asertiva, junto con sus principios rectores, ventajas y aplicaciones en el mundo real en las relaciones interpersonales, el lugar de trabajo y la superación personal.

Lograr un equilibrio armónico entre los estilos de comunicación pasivos y agresivos es el objetivo fundamental de la comunicación asertiva. La renuencia a expresar los propios deseos o pensamientos se conoce como comunicación pasiva y, con frecuencia, da lugar a emociones de frustración o a ser ignorado. La comunicación agresiva, por otro lado, se caracteriza por una expresión contundente, a menudo al precio de los pensamientos y sentimientos de los demás. Al encontrar un punto medio, la asertividad permite a las personas expresar sus ideas y emociones con confianza y claridad, al tiempo que respetan los límites y puntos de vista de los demás.

Practicar la comunicación asertiva requiere una base de autoconciencia y la voluntad de expresarse auténticamente. Esta autoconciencia implica reconocer los propios sentimientos, necesidades y valores, la base de la expresión asertiva. También implica comprender los límites personales y la capacidad de comunicarse asertivamente dentro de esos límites. Las personas que cultivan la autoconciencia están mejor equipadas para navegar por las complejidades de la comunicación con un claro sentido de propósito y autenticidad.

Uno de los principios fundamentales de la comunicación asertiva es el uso de declaraciones en primera persona. Estas declaraciones se centran en expresar sentimientos, pensamientos y necesidades personales sin atribuir culpas ni hacer declaraciones acusatorias. Por ejemplo, decir: "Me siento frustrado cuando los plazos no se comunican con claridad" es más asertivo que decir: "Nunca proporcionas plazos claros". Las declaraciones en primera persona fomentan la comunicación abierta al evitar la actitud defensiva y fomentar un enfoque colaborativo para la resolución de problemas.

Otro componente esencial de la comunicación contundente es la escucha activa. Implica escuchar atentamente, analizar lo que dicen y responder sabiamente. Respetar el punto de vista del orador a través de la escucha activa promueve una discusión de ideas más fructífera y comprensiva. La escucha activa es una herramienta que las personas utilizan junto con la comunicación asertiva para construir relaciones y fomentar la comprensión.

La comunicación asertiva también implica la habilidad de hacer peticiones explícitas y específicas. Las personas influyentes expresan sus solicitudes de manera directa e inequívoca en lugar de confiar en expresiones de necesidades vagas o implícitas. Esta claridad permite a los demás comprender y responder a las necesidades expresadas, fomentando un proceso de comunicación más transparente y eficiente. Por ejemplo, decir: "Te agradecería que me dieras tu opinión sobre mi proyecto al final de la semana" es más asertiva que una solicitud general de comentarios.

En las relaciones personales, la comunicación asertiva contribuye significativamente a establecer límites saludables y resolver conflictos. Las personas que practican la asertividad en sus relaciones pueden comunicar mejor sus necesidades, expresar sentimientos y navegar los desacuerdos de manera constructiva. La asertividad fomenta un ambiente de respeto mutuo y comprensión, lo que permite a las personas mantener su individualidad al tiempo que fomenta un sentido de conexión e intimidad.

Por el contrario, la comunicación pasiva en las relaciones personales puede conducir a necesidades insatisfechas y sentimientos no expresados, lo que resulta en un resentimiento y una frustración latentes. Por otro lado, la comunicación agresiva puede escalar conflictos, dañar relaciones y crear una atmósfera de hostilidad. Al promover la expresión abierta y honesta, la comunicación asertiva allana el camino para conexiones más sanas y satisfactorias.

En el lugar de trabajo, la comunicación asertiva es una habilidad valiosa que contribuye a la colaboración efectiva, la resolución de conflictos y el desarrollo profesional. Las personas fuertes son más propensas a expresar sus ideas, contribuir a las discusiones y abogar por sus necesidades dentro de un equipo o entorno organizacional. Este enfoque proactivo mejora la dinámica del equipo y fomenta una cultura de comunicación abierta.

Los líderes que emplean principios de comunicación asertivos crean un ambiente de trabajo positivo, alentando a los empleados a expresar sus opiniones e inquietudes. Los líderes fuertes también proporcionan expectativas claras, ofrecen comentarios constructivos y abordan los conflictos de manera rápida y transparente. Este estilo de liderazgo promueve un sentido de confianza y responsabilidad, lo que contribuye al éxito y bienestar general de la organización.

Por el contrario, la comunicación pasiva en el lugar de trabajo puede conducir a la pérdida de oportunidades de promoción profesional, preocupaciones no abordadas y falta de visibilidad dentro de la organización. La comunicación agresiva, por otro lado, puede crear un ambiente de trabajo hostil, dificultar la colaboración y dañar las relaciones profesionales. Por el contrario, la comunicación asertiva equipa a las personas para manejar las complejidades del lugar de trabajo con profesionalismo y confianza.

El autodesarrollo y el crecimiento personal se benefician significativamente de la comunicación asertiva. Las personas que practican la asertividad son más propensas a establecer y perseguir metas personales, expresar sus necesidades en varios aspectos de la vida y abogar por su bienestar. La asertividad fomenta un sentido de agencia y empoderamiento, lo que permite a las personas navegar por los desafíos de la vida con resiliencia y una mentalidad positiva.

Por el contrario, los individuos pasivos pueden tener dificultades para hacer valer sus necesidades, lo que lleva a aspiraciones insatisfechas y a una sensación de impotencia. Las personas agresivas pueden experimentar relaciones tensas y resistencia por parte de los demás, lo que dificulta su crecimiento personal y profesional. Al fomentar la autodefensa y el empoderamiento, la comunicación asertiva permite a las personas navegar por el viaje del autodescubrimiento y la superación personal de manera más efectiva.

Superar las barreras para la comunicación asertiva implica abordar obstáculos comunes como el miedo al conflicto, la baja autoestima o el deseo de complacer a los demás a expensas de las propias necesidades. El desarrollo de habilidades de asertividad puede implicar buscar el apoyo de consejeros, asistir a talleres de capacitación en asertividad o practicar comportamientos asertivos en situaciones de bajo riesgo. Las personas pueden darse cuenta plenamente de los beneficios de una comunicación eficaz en diversos contextos identificando y eliminando estos obstáculos.

En conclusión, la comunicación asertiva es un enfoque transformador y empoderador que mejora las relaciones interpersonales, las interacciones profesionales y el crecimiento personal. Los principios de asertividad, incluido el uso de declaraciones en primera persona, la escucha activa y las solicitudes explícitas, contribuyen a una comunicación abierta y respetuosa. En las relaciones personales, la asertividad fomenta la intimidad y la comprensión. En el lugar de trabajo, mejora la colaboración y la eficacia del liderazgo. Para el desarrollo personal, la comunicación asertiva es vital para la autodefensa y el empoderamiento. A medida que las personas adoptan la asertividad, desbloquean el potencial de conexiones más seguras, respetuosas y satisfactorias en todas las facetas de la vida.

Enseñar a los niños a expresarse emocionalmente

Durante los años formativos de la infancia, los niños adquieren habilidades fundamentales que sientan las bases para su desarrollo social y emocional. Un elemento central de este desarrollo es la capacidad de expresar y navegar las emociones de manera efectiva. Enseñar a los niños a expresarse emocionalmente es crucial para fomentar la inteligencia emocional, la empatía y la resiliencia. Esta sección explora la importancia de guiar a los niños en la comprensión y expresión de sus emociones, examinando estrategias, beneficios y el impacto a largo plazo de la expresión emocional en el desarrollo general de los niños.

Los niños experimentan una amplia gama de emociones desde una edad muy temprana. Sin embargo, es posible que no posean el vocabulario o la comprensión para articular estos sentimientos. Enseñar la expresión emocional implica proporcionar a los niños las herramientas para identificar, etiquetar y comunicar las emociones. Este proceso introduce emociones básicas como la felicidad, la tristeza, la ira, el miedo y la sorpresa. A través de conversaciones, cuentos o ayudas visuales, los niños pueden comenzar a asociar palabras con sus experiencias emocionales, lo que les permite expresarse de manera más efectiva.

La narración de cuentos surge como una herramienta poderosa para enseñar a los niños sobre las emociones. Las narraciones permiten que los niños se relacionen con personajes ficticios que experimentan diversos sentimientos, proporcionando una plataforma para discutir las emociones y su impacto. Al conectar las emociones con historias con las que se pueden identificar, los niños aprenden que se espera que experimenten una variedad de sentimientos y que estos sentimientos pueden expresarse y comprenderse. Este enfoque narrativo fomenta la empatía, animando a los niños a reconocer y respetar las emociones de los demás.

En el desarrollo de un niño, modelar la expresión emocional es igualmente importante. Los jóvenes adquieren muchos conocimientos al ver comportarse a sus compañeros y adultos. Cuando los padres exhiben una expresión emocional saludable, como notar y expresar sus emociones, es más probable que los niños sigan su ejemplo. Establecer un ambiente en el que las personas hablen libremente sobre sus sentimientos y proporcionen modelos positivos para manejarlos sienta las bases para que los niños crezcan en su capacidad de expresión emocional.

Los niños pueden expresar creativamente sus sentimientos a través de actividades artísticas. Cuando el habla verbal se vuelve difícil, los jóvenes pueden exteriorizar sus emociones a través de la expresión creativa a través del dibujo, la pintura u otros medios. Además, el arte ofrece una manifestación material de sentimientos, lo que permite a los adultos discutir su obra de arte con los niños. A través de este proceso, se mejora la expresión emocional y se reafirma la idea de que todas las emociones son reales y tienen una variedad de expresiones.

Fomentar la comunicación abierta sobre las emociones es crucial para crear un entorno de apoyo. Los niños necesitan sentir que expresar sus sentimientos es aceptado y alentado. Establecer una rutina de consultar con los niños sobre sus emociones y escuchar activamente sus respuestas cultiva un sentido de confianza y seguridad. Esta práctica normaliza el intercambio de emociones, fomentando una cultura en la que los niños se sienten escuchados y comprendidos.

Enseñar a los niños sobre la regulación emocional va de la mano con la expresión emocional. La regulación emocional implica reconocer y manejar las propias emociones de una manera socialmente aceptable que no se dañe a sí mismo ni a los demás. A través de la orientación y el modelado, los niños pueden aprender varias estrategias para la regulación emocional, como respirar profundamente, contar hasta diez o tomar un descanso. Estas técnicas empoderan a los niños para navegar por las emociones desafiantes de forma independiente, promoviendo la autoconciencia y la resiliencia.

La empatía, piedra angular de las interacciones sociales saludables, está estrechamente relacionada con la expresión emocional. Cuando los niños pueden identificar y comprender sus propias emociones, están mejor equipados para reconocer y empatizar con los sentimientos de los demás. Las actividades que fomentan la toma de perspectiva, como discutir situaciones desde diferentes puntos de vista o participar en juegos de roles, mejoran la capacidad de los niños para conectarse con las emociones de sus compañeros. La empatía fomenta las relaciones positivas y contribuye al desarrollo de fuertes lazos sociales.

Los beneficios de enseñar la expresión emocional se extienden más allá de las interacciones sociales inmediatas; Tienen un profundo impacto en la salud mental y el bienestar general de los niños. Las investigaciones sugieren que los niños que son expertos en expresar y regular sus emociones son menos propensos a problemas de comportamiento, ansiedad y depresión. Estos niños exhiben niveles más altos de autoestima, se involucran de manera más efectiva en las relaciones sociales y demuestran un éxito académico más tremendo. Al equipar a los niños con habilidades de expresión emocional, les proporcionamos una base valiosa para navegar por los desafíos de la vida.

Además, la expresión emocional es necesaria para desarrollar la inteligencia emocional, que es esencial para el éxito en diversas esferas de la vida. Las habilidades para identificar y comprender los propios sentimientos, simpatizar con los demás y negociar con éxito la complejidad social están incluidas en la inteligencia emocional. Los jóvenes con inteligencia emocional vital son más capaces de manejar el estrés, usar un lenguaje agresivo y construir relaciones saludables. La instrucción temprana de la expresión emocional ayuda a los niños a desarrollar la inteligencia emocional y los equipa con un conjunto de habilidades valiosas para el éxito como adultos en sus vidas personales y profesionales.

Sin embargo, el proceso de enseñanza de la expresión emocional es un reto. Las influencias culturales y sociales, los estereotipos de género y las diferencias individuales de temperamento pueden afectar la forma en que los niños perciben y expresan las emociones. Es crucial crear un enfoque inclusivo y culturalmente sensible que reconozca y respete los diversos estilos de expresión emocional. Además, eliminar los estigmas asociados a determinadas emociones, como la vulnerabilidad o la melancolía, garantiza que los niños se sientan libres de expresar emociones.

En resumen, el crecimiento general de un niño depende de su capacidad para articular sus emociones. Ayudamos a los niños a desarrollar la inteligencia emocional, la empatía y la resiliencia dándoles las habilidades para reconocer, comprender y comunicar sus sentimientos. Los niños se sienten empoderados para expresarse genuinamente en un entorno de apoyo creado a través de la narración de cuentos, el modelado, las actividades artísticas y la comunicación abierta. Las ventajas trascienden la infancia, impactando en el bienestar mental, las relaciones interpersonales y los logros en diversas esferas de la vida. Al gastar dinero en entrenar a los niños para que comuniquen sus emociones, les damos una habilidad para toda la vida que mejora su salud emocional y aumenta su capacidad para formar relaciones significativas

CAPÍTULO IV
Establecer expectativas realistas

Manejo de las expectativas de los padres

La paternidad es un viaje transformador y profundo que trae alegría, desafíos y muchas emociones. En medio de la anticipación y la emoción, los padres a menudo forman expectativas que influyen en sus percepciones de la experiencia de crianza. Manejar las expectativas de los padres es crucial para fomentar un enfoque saludable y resiliente de la paternidad. Esta sección explora la dinámica de las expectativas de los padres, el impacto en la relación padre-hijo y las estrategias para navegar las complejidades de la paternidad con realismo y adaptabilidad.

Las expectativas de los padres a menudo surgen de una combinación de normas sociales, influencias culturales, valores personales y experiencias pasadas. El deseo de ser un padre "perfecto", cumplir ciertos hitos o replicar las propias experiencias positivas puede contribuir a formar expectativas. Si bien las aspiraciones de una experiencia de crianza positiva y enriquecedora son naturales, las expectativas poco realistas o rígidas pueden conducir a la decepción, el estrés y la insuficiencia cuando la realidad se desvía de estos ideales.

Una expectativa familiar con la que los padres pueden lidiar es la idea de una vida familiar perfecta y armoniosa. La representación de la dinámica familiar idealizada en los medios de comunicación y las narrativas sociales puede crear un punto de referencia poco realista para los padres. La realidad de la paternidad a menudo implica momentos de caos, imprevisibilidad e imperfección. Manejar las expectativas de una vida familiar idílica requiere aceptar el desorden de la crianza de los hijos, reconocer los altibajos y cultivar la resiliencia frente a los desafíos.

Otra expectativa prevalente se centra en el papel de los padres en la configuración del futuro de sus hijos. Los padres pueden cargar con el peso de las expectativas sobre los logros, el comportamiento o las opciones de carrera de sus hijos. Si bien es natural que los padres aspiren a brindar las mejores oportunidades a sus hijos, las expectativas poco realistas pueden conducir a una presión excesiva y a relaciones tensas entre padres e hijos. Reconocer y ajustar estas expectativas implica reconocer la individualidad de cada niño, aceptar sus fortalezas y desafíos únicos, y fomentar un entorno que fomente el crecimiento en lugar de la perfección.

La noción de un equilibrio perfecto entre el trabajo y la vida personal es una expectativa que a menudo desafía a los padres, particularmente en la era moderna. Equilibrar las responsabilidades profesionales con las exigencias de la crianza de los hijos puede ser complejo, y la expectativa de hacer malabarismos sin esfuerzo con ambos ámbitos puede contribuir a los sentimientos de culpa o insuficiencia. Gestionar esta expectativa requiere reconocer la necesidad de flexibilidad, buscar apoyo cuando sea necesario y priorizar el autocuidado para mantener un equilibrio sostenible.

Los hitos del desarrollo de los niños también están sujetos a las expectativas de los padres. Las expectativas poco realistas sobre cuándo un niño debe alcanzar determinados hitos, como caminar, hablar o la capacidad intelectual, pueden verse alimentadas por comparaciones con otros niños o normas sociales. Reconocer y respetar el ritmo único del desarrollo de cada niño, junto con la búsqueda de orientación de profesionales de la salud, permite a los padres adoptar un enfoque más realista y de apoyo.

El impacto de las expectativas de los padres en la relación padre-hijo es profundo. Las expectativas poco realistas o rígidas pueden crear una sensación de presión y ansiedad por el rendimiento tanto para los padres como para los hijos. Los niños pueden interiorizar las expectativas que se les imponen, lo que les lleva a sentimientos de inadecuación o rebelión. Además, la tensión causada por las expectativas insatisfechas puede erosionar la base de la confianza y la comunicación dentro de la relación padre-hijo.

Por el contrario, los padres que manejan las expectativas de manera flexible y realista cultivan una relación más abierta y solidaria con sus hijos. Crear un entorno en el que los niños se sientan aceptados por lo que son, en lugar de cumplir con expectativas predefinidas, fomenta una sensación de seguridad y autoestima. La comprensión mutua, la empatía y la disposición a modificar las expectativas a la luz de las necesidades y habilidades cambiantes de padres e hijos son esenciales para interacciones sólidas entre padres e hijos.

Las estrategias para manejar las expectativas de los padres implican una combinación de autoconciencia, comunicación y adaptabilidad. En primer lugar, los padres se benefician de reflexionar sobre sus expectativas y cuestionar sus orígenes. Al comprender la fuente de las expectativas, los padres pueden diferenciar entre las aspiraciones realistas y las influenciadas por presiones externas o ideales poco realistas. La autoconciencia proporciona una base para la crianza intencional y consciente.

La comunicación abierta dentro de la familia es primordial para manejar las expectativas de manera efectiva. Establecer un diálogo en el que padres e hijos puedan expresar sus pensamientos, sentimientos y preocupaciones fomenta un sentido de transparencia y comprensión mutua. Los niños se benefician de saber que sus padres tienen expectativas realistas y están dispuestos a apoyarlos a través de los desafíos. La comunicación honesta también permite a los padres adaptar sus expectativas en función de las necesidades y capacidades cambiantes de sus hijos.

Cultivar la resiliencia es un componente vital para manejar las expectativas de los padres. Los padres resilientes reconocen que la paternidad implica incertidumbres, contratiempos y aprendizaje continuo. Adoptar una mentalidad que valore el viaje por encima de la perfección permite a los padres superar los desafíos con adaptabilidad y paciencia. La resiliencia implica buscar apoyo cuando sea necesario, reconocer los errores y aprender de las experiencias para fomentar el crecimiento personal y una relación más saludable entre padres e hijos.

Las prácticas de mindfulness contribuyen significativamente a la gestión de las expectativas de los padres. La atención plena implica estar presente en el momento sin juzgar, lo que permite a los padres responder a las situaciones con mayor claridad e intencionalidad. Se anima a los padres que practican la crianza consciente a dejar de lado su necesidad de perfección, a deleitarse en las pequeñas cosas de la vida y a abordar los problemas con serenidad. La atención plena proporciona una herramienta valiosa para liberarse del ciclo de expectativas poco realistas y fomentar una experiencia de crianza más arraigada y satisfactoria.

Buscar el apoyo de una comunidad de padres o profesionales puede ser fundamental para manejar las expectativas de los padres. Compartir experiencias, ideas y desafíos con otras personas con inquietudes similares proporciona una sensación de validación y reduce los sentimientos de aislamiento. La crianza de los hijos es un viaje colectivo; El intercambio de apoyo y asesoramiento contribuye a un enfoque de crianza más informado y resiliente.

Las expectativas de los padres pueden hacer que la crianza de los hijos sea más satisfactoria y pacífica si se maneja de manera realista y flexible. Aceptar las imperfecciones de la paternidad, fomentar la comunicación abierta, cultivar la resiliencia, practicar la atención plena y buscar apoyo contribuyen a un enfoque más saludable de las expectativas de los padres. En última instancia, el objetivo no es eliminar las expectativas, sino remodelarlas en un marco que permita flexibilidad, crecimiento y una conexión más profunda con los hijos. Con sus alegrías y desafíos, Parenthood se convierte en un viaje marcado por la aceptación, la comprensión y la resiliencia para adaptarse al panorama siempre cambiante de la vida familiar.

Comportamiento apropiado para la edad

Comprender el comportamiento apropiado para la edad es esencial para los padres, educadores y cuidadores a medida que navegan por el intrincado panorama del desarrollo infantil. Los niños progresan a través de varias etapas de crecimiento, cada una marcada por distintos hitos físicos, cognitivos y emocionales. Reconocer y respetar el comportamiento apropiado para la edad implica reconocer la diversidad de las variaciones individuales dentro de cada grupo de edad y crear un entorno que fomente un desarrollo saludable. Esta sección explora la importancia de la conducta apropiada para la edad, la influencia de las etapas del desarrollo y la importancia de considerar las diferencias individuales en el fomento de resultados positivos en los niños.

El comportamiento apropiado para la edad está estrechamente relacionado con las etapas de desarrollo, abarcando los cambios físicos, sociales, emocionales y cognitivos que experimentan los niños a medida que crecen. Los bebés, por ejemplo, exhiben un comportamiento apropiado para su edad cuando responden a estímulos, establecen habilidades motoras básicas y forman vínculos tempranos con los cuidadores. Los niños pequeños exploran su entorno, desarrollan habilidades lingüísticas y afirman su independencia. Los niños en edad preescolar participan en juegos imaginativos, refinan las habilidades motoras y desarrollan habilidades sociales a través de las interacciones con sus compañeros. Los niños en edad escolar amplían aún más sus redes sociales, refinan las habilidades cognitivas y crean un sentido de identidad. Los adolescentes experimentan cambios emocionales y mentales significativos a medida que pasan a la edad adulta. La comprensión de estas etapas del desarrollo proporciona un marco para evaluar y apreciar el comportamiento apropiado para la edad.

La influencia de los hitos del desarrollo en el comportamiento es evidente en las diversas formas en que los niños se expresan a diferentes edades. Por ejemplo, las rabietas de un niño pequeño pueden ser una respuesta apropiada para el desarrollo de la frustración, ya que todavía están aprendiendo a regular sus emociones. Por el contrario, el deseo de autonomía y dominio de habilidades específicas de un niño en edad escolar se alinea con su etapa de desarrollo. La exploración de la identidad, los valores y la independencia de los adolescentes refleja la progresión natural hacia la edad adulta. Reconocer estos comportamientos relacionados con la edad permite a los adultos responder con empatía y comprensión, creando un entorno de apoyo que fomenta un desarrollo óptimo.

Es crucial tener en cuenta que, si bien los hitos del desarrollo proporcionan un marco general, las variaciones individuales desempeñan un papel importante en la configuración del comportamiento. Los niños dentro del mismo grupo de edad pueden exhibir diferencias en el temperamento, los estilos de aprendizaje y las influencias socioculturales que afectan su comportamiento. Algunos niños pueden alcanzar determinados hitos antes o después que sus compañeros, y estas variaciones contribuyen al rico tapiz del desarrollo humano. La combinación única de factores genéticos, influencias ambientales y experiencias personales de un niño contribuye a la individualidad de su comportamiento. Por lo tanto, aceptar y acomodar estas diferencias es fundamental para promover el bienestar de cada niño y fomentar un sentido positivo de sí mismo.

El papel de los cuidadores, los padres y los educadores para guiar el comportamiento apropiado para la edad es fundamental. Crear un entorno que apoye un desarrollo saludable implica proporcionar estímulos apropiados para la edad, oportunidades de exploración y refuerzo positivo. Los cuidadores pueden facilitar el comportamiento apropiado para la edad ofreciendo juguetes, actividades y desafíos específicos para la edad que se alineen con la etapa de desarrollo actual de un niño. Además, un ambiente seguro y enriquecedor fomenta la confianza, la regulación emocional y el apego saludable, que son esenciales para un comportamiento apropiado para la edad.

Las estrategias de disciplina y orientación también deben adaptarse a la etapa de desarrollo del niño. La disciplina efectiva implica establecer expectativas claras y consistentes, proporcionar consecuencias apropiadas para el desarrollo y ofrecer un refuerzo positivo para los comportamientos deseados. Por ejemplo, un niño en edad preescolar puede responder bien a un tiempo a solas debido a que no comparte, mientras que un adolescente puede beneficiarse más de hablar sobre la responsabilidad y la rendición de cuentas. Comprender el nivel de desarrollo del niño garantiza que la disciplina sea constructiva y respetuosa con sus capacidades en evolución.

La promoción de un comportamiento apropiado para la edad se extiende más allá del hogar a los entornos educativos. Los maestros desempeñan un papel crucial en la creación de aulas que satisfagan las diversas necesidades de los estudiantes en las diversas etapas del desarrollo. Los planes de lecciones, las actividades y las expectativas deben alinearse con las capacidades cognitivas y sociales de los estudiantes. Proporcionar desafíos y oportunidades de exploración apropiados para la edad permite a los estudiantes participar en el proceso de aprendizaje de manera efectiva. Además, los educadores deben estar en sintonía con las diferencias individuales dentro del aula, reconociendo que cada niño aporta fortalezas y desafíos únicos.

Al fomentar un comportamiento apropiado para la edad, no se puede exagerar la importancia de un modelo de conducta positivo. Los adultos influyen en el comportamiento de un niño, y sus acciones, actitudes y respuestas dan forma a la comprensión del niño de la conducta apropiada. El fomento de un entorno conductual agradable se facilita mediante la demostración de empatía, comunicación efectiva y técnicas de resolución de problemas. Los cuidadores y educadores deben modelar los valores y comportamientos que quieren establecer en la generación más joven, ya que los niños a menudo imitan la conducta que ven en los adultos.

Trabajando juntos, los padres, educadores y especialistas en salud mental pueden abordar eficazmente las dificultades de comportamiento. Algunos problemas de comportamiento pueden ser signos de dificultades emocionales, dificultades de aprendizaje o problemas de desarrollo. Obtener el asesoramiento de expertos permite una evaluación exhaustiva de las necesidades de un niño y la creación de intervenciones enfocadas que promuevan un comportamiento apropiado para su edad. La intervención temprana y la colaboración entre muchas partes interesadas influyen en los resultados positivos para los niños con problemas de conducta.

Si bien el comportamiento apropiado para la edad proporciona un marco útil, es crucial reconocer la importancia de las diferencias individuales y el impacto potencial de los factores externos en el comportamiento. Los niños con diversas habilidades, antecedentes y experiencias pueden exhibir variaciones en sus trayectorias de desarrollo. Factores como la dinámica familiar, las condiciones socioeconómicas y las influencias culturales contribuyen a la complejidad del perfil conductual de cada niño. Por lo tanto, adoptar una perspectiva holística e inclusiva garantiza que las intervenciones y los sistemas de apoyo aborden las necesidades únicas de cada niño.

En conclusión, comprender y fomentar el comportamiento apropiado para la edad implica reconocer la influencia de las etapas de desarrollo, reconocer las variaciones individuales y crear un entorno que apoye un crecimiento saludable. Los cuidadores, los padres y los educadores son fundamentales para guiar a los niños a través de su viaje de desarrollo, ofreciendo desafíos específicos de la edad, refuerzo positivo y disciplina efectiva. Al promover un entorno conductual positivo que tenga en cuenta los hitos del desarrollo y las diferencias individuales, los adultos contribuyen al bienestar holístico de los niños, fomentando su potencial y dando forma a su compromiso positivo con el mundo.

Abrazar la imperfección

En una sociedad que a menudo glorifica la perfección, abrazar la imperfección es un contrapeso, una filosofía profunda que alienta a las personas a encontrar belleza y fuerza en sus defectos, errores y vulnerabilidades. La búsqueda de la perfección puede ser un objetivo agotador e inalcanzable que genera preocupación, inseguridad y un temor persistente a fracasar. Por el contrario, aceptar la imperfección invita a un cambio de perspectiva que reconoce la humanidad inherente de cometer errores, experimentar contratiempos y no siempre cumplir con las expectativas sociales o personales. Esta sección explora la importancia de aceptar la imperfección como un enfoque transformador y empoderador de la vida, enfatizando su impacto en la autenticidad, la resiliencia y el crecimiento personal.

En el corazón de abrazar la imperfección se encuentra el reconocimiento de que la perfección es una ilusión. La presión social para ajustarse a estándares impecables, ya sea en apariencia, logros o relaciones, puede crear un ciclo insidioso de comparación y autocrítica. La búsqueda de la perfección a menudo conduce a una imagen distorsionada de sí mismos, donde los individuos deben presentar una versión idealizada de sí mismos, escondiéndose detrás de una fachada de perfección. Aceptar los defectos rompe esta fachada y permite a las personas conectarse con su verdadero yo y desarrollar un verdadero sentido de sí mismos.

La autenticidad, una piedra angular de la aceptación de la imperfección, implica abrazar el verdadero yo, con sus fortalezas y debilidades. Implica reconocer y expresar emociones, pensamientos y experiencias genuinas sin temor a ser juzgados. Las personas auténticas fomentan conexiones más profundas con los demás, ya que su apertura y vulnerabilidad crean una atmósfera de confianza y cercanía. Al abrazar la imperfección, los individuos se liberan de las limitaciones de las expectativas sociales y abrazan la belleza de su auténtico yo.

El proceso de volverse resiliente está entrelazado con aprender a aceptar las imperfecciones. La capacidad de superar obstáculos, decepciones o contratiempos con fuerza y perspicacia renovadas se conoce como resiliencia. Aceptar la imperfección replantea los fracasos como oportunidades de aprendizaje y crecimiento en lugar de como indicadores de insuficiencia. Cuando las personas dejan de lado el miedo a cometer errores, se vuelven más resistentes ante la adversidad. Esta resiliencia les permite navegar por las incertidumbres de la vida con adaptabilidad y perseverancia.

En el ámbito de las relaciones personales, aceptar la imperfección fomenta conexiones más sanas y auténticas. En las relaciones románticas, la presión de ser una pareja impecable puede crear expectativas poco realistas y obstaculizar la intimidad genuina. Aceptar la imperfección permite a las personas compartir sus vulnerabilidades y comunicar abiertamente sus necesidades y temores. Esta vulnerabilidad fortalece el vínculo entre los miembros de la pareja a medida que navegan por las complejidades de una relación con empatía, comprensión y apoyo mutuo.

La crianza de los hijos también está profundamente influenciada por la filosofía de abrazar la imperfección. Los padres que reconocen y aceptan sus imperfecciones crean un ambiente más enriquecedor y tolerante para sus hijos. Este enfoque inculca en los niños una perspectiva más saludable sobre el fracaso y la imperfección, equipándolos con habilidades esenciales para la vida y promoviendo una imagen positiva de sí mismos.

El lugar de trabajo es otro ámbito en el que la presión por la perfección puede ser omnipresente. Los empleados que se esfuerzan por alcanzar la perfección pueden experimentar agotamiento, ansiedad y disminución de la creatividad. Aceptar la imperfección en el lugar de trabajo implica reconocer que la innovación a menudo surge de la prueba y el error. Crear una cultura que valore los errores como oportunidades de aprendizaje fomenta un entorno de trabajo más colaborativo y adaptativo. Permite a las personas asumir riesgos, compartir ideas creativas y abordar los desafíos con una mentalidad de crecimiento.

La representación de la perfección en los medios de comunicación, amplificada por las redes sociales, contribuye a la presión generalizada que sienten los individuos para ajustarse a los estándares idealizados. Aceptar la imperfección desafía las narrativas poco realistas que perpetúan los medios de comunicación, alentando a las personas a celebrar sus cualidades únicas en lugar de luchar por un ideal inalcanzable. Cuando se usan conscientemente, las plataformas de redes sociales pueden convertirse en espacios para la autoexpresión auténtica, la conexión genuina y la celebración de diversas perspectivas.

El camino para abrazar la imperfección implica cultivar la autocompasión, una actitud compasiva y comprensiva hacia uno mismo frente al fracaso o la adversidad. La autocompasión permite a las personas reconocer sus imperfecciones sin juzgarse a sí mismas. Implica tratarse a uno mismo con la misma amabilidad y comprensión que uno ofrecería a un amigo que enfrenta desafíos similares.

A través de la autocompasión, las personas desarrollan una relación más resistente y positiva consigo mismas, creando una base para aceptar la imperfección.

Participar en actividades de atención plena también es esencial para el proceso de aceptación de las imperfecciones. La atención plena implica estar presente en el momento y observar sin juzgar los pensamientos y sentimientos. Al practicar la atención plena, las personas pueden cultivar la conciencia de su diálogo interno y desafiar las tendencias perfeccionistas. La atención plena fomenta una relación más tolerante y compasiva con uno mismo, fomentando el aprecio por la riqueza de las imperfecciones de la vida.

Un aspecto fundamental de aceptar la imperfección es replantear los fracasos como peldaños hacia el crecimiento. Los fracasos y los errores son partes inherentes de la experiencia humana, que ofrecen valiosas lecciones y oportunidades para el autodescubrimiento. Este cambio de mentalidad transforma los contratiempos en catalizadores para el desarrollo personal y profesional.

Abrazar la imperfección no es sinónimo de complacencia o falta de ambición. En cambio, implica establecer metas realistas, reconocer las limitaciones y reconocer que el viaje hacia la superación personal es continuo. La búsqueda de la excelencia y la búsqueda de objetivos se convierten en un esfuerzo positivo y motivado en lugar de una fuente de presión implacable. Este enfoque permite a las personas apreciar su progreso y celebrar los logros sin verse eclipsados por las deficiencias percibidas.

La sociedad también desempeña un papel en el fomento de un entorno que apoye la filosofía de abrazar la imperfección. El desmantelamiento de las expectativas y normas sociales que perpetúan la búsqueda de la perfección requiere esfuerzos colectivos. Al desafiar los estándares de belleza poco realistas, las presiones académicas y los rígidos roles de género, la sociedad puede crear un espacio para diversas expresiones de identidad y éxito. Celebrar la autenticidad y la imperfección a nivel social contribuye al bienestar de las personas y promueve una cultura más inclusiva y compasiva.

En conclusión, abrazar la imperfección es una filosofía transformadora que desafía la búsqueda incesante de la perfección en varios aspectos de la vida. Las personas cultivan la autenticidad, la resiliencia y un sentido positivo de sí mismas reconociendo y celebrando sus defectos, errores y vulnerabilidades. Este cambio de mentalidad se extiende a las relaciones personales, la crianza de los hijos, el lugar de trabajo y las expectativas sociales, fomentando dinámicas más saludables y una cultura más compasiva. Aceptar la imperfección no significa conformarse con la mediocridad; En cambio, significa apreciar la belleza intrínseca del camino defectuoso que define el ser humano, un camino lleno de desarrollo, educación y diversas experiencias que nos moldean en las personas que realmente somos.

CAPÍTULO V
Técnicas de manejo de la ira para padres

Ejercicios de respiración profunda y relajación

En el ritmo acelerado de la vida moderna, marcada por constantes exigencias y presiones, no se puede exagerar la importancia de cultivar momentos de calma y relajación. Los ejercicios de respiración profunda y relajación emergen como herramientas invaluables en esta búsqueda, ofreciendo una puerta de entrada a una conexión armoniosa entre la mente y el cuerpo. Arraigadas en prácticas ancestrales de varias culturas y adoptadas por los enfoques de bienestar contemporáneos, estas técnicas brindan a las personas medios accesibles y efectivos para controlar el estrés, mejorar el bienestar mental y promover la salud en general. Esta sección explora el profundo impacto de los ejercicios de respiración profunda y relajación, desentrañando cómo estas prácticas contribuyen a la reducción del estrés, el equilibrio emocional y un mayor sentido de autoconciencia.

En el núcleo de los ejercicios de respiración profunda y relajación se encuentra la comprensión de la intrincada relación entre la mente y el cuerpo. Las respuestas fisiológicas y psicológicas al estrés, comúnmente conocidas como respuesta de lucha o huida, desencadenan una cascada de reacciones, que incluyen aumento de la frecuencia cardíaca, respiración superficial y aumento de la tensión muscular. La respiración profunda contrarresta esta respuesta al estrés, activando el sistema nervioso parasimpático, a menudo llamado sistema de "descanso y digestión". Al ralentizar intencionalmente su respiración y realizar ejercicios de relajación, las personas provocan una respuesta de relajación que contrarresta los efectos fisiológicos del estrés, fomentando un estado de calma y equilibrio.

Uno de los elementos fundamentales de los ejercicios de respiración profunda es la respiración diafragmática, también conocida como respiración abdominal o abdominal. Con este método, respire profundamente por las fosas nasales. Está permitiendo que el diafragma se expanda y exhalando lentamente a través de los labios fruncidos. La respiración diafragmática fomenta un mejor intercambio de oxígeno y dióxido de carbono, lo que también mejora el uso del diafragma, un gran músculo ubicado entre el pecho y el abdomen. Esta respiración deliberada y consciente mejora el flujo de oxígeno y promueve sentimientos de satisfacción y calma.

La respiración consciente, un componente central de los ejercicios de relajación, se inspira en las prácticas de atención plena y meditación. Implica llevar toda la atención al momento presente, centrándose en la inhalación y exhalación de cada respiración. La respiración consciente anima a las personas a observar sus pensamientos sin juzgarlos y a volver a centrar su atención en la respiración cuando surgen distracciones. Esta mayor conciencia cultiva un sentido de atención plena, promoviendo la claridad mental, la reducción del estrés y una mayor capacidad para manejar situaciones desafiantes.

La relajación muscular progresiva (PMR) es otra técnica de relajación eficaz que complementa los ejercicios de respiración profunda. Desarrollada por el Dr. Edmund Jacobson a principios del siglo XX, la PMR consiste en tensar y relajar sistemáticamente diferentes grupos musculares en todo el cuerpo. Las personas pueden liberar la tensión muscular y lograr una profunda serenidad física y mental a través de este método. También ayuda a las personas a estar más en sintonía con las sensaciones corporales de tensión y relajación.

Las técnicas de respiración profunda y relajación pueden ayudar a las personas a desestresarse al instante, pero también se han relacionado con muchos otros efectos positivos en el cuerpo y la mente. Las investigaciones sugieren que la participación regular en estas técnicas puede contribuir a reducir la presión arterial, mejorar la función inmunitaria y mejorar la salud cardiovascular. Además, los beneficios psicológicos incluyen la reducción de la ansiedad, la mejora del estado de ánimo y una mejor calidad del sueño. La conexión mente-cuerpo fomentada por la respiración profunda y los ejercicios de relajación proporciona un enfoque holístico del bienestar, reconociendo la intrincada interacción entre la salud mental y física.

El estrés agudo o crónico es un elemento omnipresente de la vida contemporánea que afecta a personas de diversos ámbitos de la vida. El lugar de trabajo, en particular, se ha convertido en una fuente común de estrés para muchos, con horarios exigentes, altas expectativas y la conectividad constante facilitada por la tecnología. Los ejercicios de respiración profunda y relajación ofrecen una solución práctica y accesible para controlar el estrés en el lugar de trabajo. La integración de breves descansos para la respiración profunda o la incorporación de la atención plena en las rutinas diarias permite a las personas superar los desafíos relacionados con el trabajo con mayor resiliencia y compostura.

Los entornos educativos también se beneficiarán de la integración de ejercicios de respiración profunda y relajación. Los estudiantes que se enfrentan a presiones académicas y a las exigencias de un panorama educativo que cambia rápidamente a menudo experimentan mayores niveles de estrés. La incorporación de estas prácticas en el entorno escolar puede crear una atmósfera de apoyo que fomente la regulación emocional, la concentración y el bienestar general. Los ejercicios de respiración consciente se han introducido en las escuelas como parte de los programas basados en la atención plena, lo que contribuye a mejorar la concentración, el equilibrio emocional y una cultura positiva en el aula.

La relación entre la respiración profunda y los ejercicios de relajación y la salud mental es particularmente notable. La ansiedad y la depresión, problemas de salud mental prevalentes, pueden verse significativamente afectadas por la práctica regular de estas técnicas. Los ejercicios de respiración profunda y relajación ofrecen a las personas una herramienta tangible y empoderadora para controlar los síntomas, reducir los efectos fisiológicos del estrés y cultivar una perspectiva mental más positiva. Además, estas prácticas se alinean con enfoques terapéuticos como la terapia cognitiva basada en mindfulness (MBCT), que integra las prácticas de mindfulness con la terapia cognitivo-conductual para prevenir la recurrencia de episodios depresivos.

Las condiciones de dolor crónico, a menudo entrelazadas con el estrés y la tensión, también se alivian mediante la incorporación de ejercicios de relajación. Se ha demostrado que afecciones como la fibromialgia, las migrañas y las cefaleas tensionales responden positivamente a las técnicas de relajación. Al reducir la tensión muscular, promover una sensación de calma y alterar la percepción del dolor, los ejercicios de respiración profunda se convierten en valiosos complementos para el manejo integral del dolor crónico.

El embarazo y el parto representan períodos en la vida de una mujer en los que los beneficios de los ejercicios de relajación son particularmente pronunciados. El yoga prenatal, la respiración profunda y la relajación muscular progresiva se recomiendan comúnmente a las mujeres embarazadas como formas de controlar el estrés, aliviar las molestias y prepararse para el parto. Además, las técnicas de relajación promueven una experiencia de parto positiva al promover una mentalidad tranquila y enfocada, facilitar el manejo del dolor y fomentar un entorno de apoyo para el parto.

La incorporación de ejercicios de respiración profunda y relajación en las rutinas diarias no requiere grandes compromisos de tiempo ni equipos especializados. Prácticas sencillas, como tomar breves descansos para la respiración consciente, incorporar la respiración diafragmática en momentos de estrés o dedicar unos minutos a la relajación muscular progresiva, pueden producir beneficios sustanciales. Estos enfoques son apropiados para personas de diversas edades, niveles de condición física y estilos de vida porque son fácilmente accesibles.

Los avances tecnológicos también han facilitado la integración de ejercicios de respiración profunda y relajación en las plataformas digitales. Las aplicaciones móviles, los recursos en línea y las clases virtuales ofrecen sesiones guiadas, ejercicios de respiración y técnicas de relajación adaptadas a las preferencias individuales. Estas herramientas digitales brindan flexibilidad y conveniencia, lo que permite a las personas incorporar prácticas de relajación independientemente de la ubicación o el horario diario.

Si bien los ejercicios de respiración profunda y relajación ofrecen profundos beneficios, es crucial reconocer que las preferencias y respuestas individuales varían. Lo que funciona para una persona puede no resonar con otra. Por lo tanto, explorar diferentes técnicas, buscar la orientación de instructores calificados y adaptar las prácticas a las necesidades individuales mejoran la efectividad de estos ejercicios. El énfasis no está en la perfección o la adherencia a una rutina rígida, sino en cultivar un enfoque personalizado y sostenible de la relajación.

En conclusión, los ejercicios de respiración profunda y relajación son potentes aliados en la búsqueda del bienestar frente a las tensiones y desafíos de la vida. Al aprovechar la conexión mente-cuerpo, estas prácticas proporcionan una puerta de entrada a la reducción del estrés, el equilibrio emocional y el aumento de la autoconciencia. Para aquellos que buscan mejorar su salud y vitalidad en general, las técnicas de respiración profunda y relajación son herramientas útiles y de fácil acceso. Estos incluyen el manejo del dolor crónico, el manejo del estrés en el lugar de trabajo, el tratamiento de problemas de salud mental y la facilitación de las transiciones del embarazo. Reducir la velocidad, prestar atención a nuestra respiración y saborear momentos de paz se convierten en un lujo y un componente esencial de una vida completa y próspera a medida que atravesamos la complejidad de la vida moderna.

Tiempos de espera para los padres

Sin duda, uno de los trabajos más satisfactorios y desafiantes que puede tener una persona es convertirse en padre. Desde las noches de insomnio de la infancia hasta los tumultuosos años de la adolescencia, los padres navegan por muchas emociones, responsabilidades y ajustes constantes. En esta intrincada danza de crianza y guía, se vuelve imperativo que los padres reconozcan la importancia del autocuidado. En medio de las exigencias de la vida diaria, el concepto de "tiempos de espera para los padres" emerge como una estrategia valiosa, que ofrece momentos de respiro, reflexión y rejuvenecimiento. Esta sección explora la importancia de los tiempos de espera para los padres, profundizando en los beneficios potenciales, la implementación práctica y el profundo impacto que estas pausas pueden tener en el bienestar de ambos padres y sus familias.

La crianza de los hijos es un viaje multifacético que exige un compromiso emocional, físico y mental continuo. La naturaleza implacable de las responsabilidades de crianza, junto con las necesidades cambiantes de los niños, puede provocar agotamiento, sentirse abrumado y agotamiento. Reconocer las señales de estrés de los padres es el primer paso para comprender la necesidad de los tiempos de espera. Síntomas como la irritabilidad, la fatiga persistente, los cambios en los patrones de sueño y la disminución del bienestar emocional señalan la importancia de priorizar el autocuidado. Los tiempos de espera para los padres sirven como una medida preventiva y restaurativa, lo que permite a las personas dar un paso atrás, recargarse y regresar a sus roles parentales con mayor resiliencia y claridad.

El término "tiempo fuera" a menudo se asocia con su aplicación en la disciplina infantil, donde un niño es retirado temporalmente de una situación desafiante para recuperar la compostura. Cuando se aplica a los padres, el concepto pasa de la disciplina al autocuidado, ofreciendo la oportunidad de alejarse temporalmente de las demandas de la crianza de los hijos. Estos descansos no indican negligencia o evitación, sino que son un enfoque proactivo para mantener el bienestar y la salud mental de los padres. Al reconocer la necesidad de momentos de soledad y rejuvenecimiento, los padres pueden fomentar un enfoque más saludable y sostenible de sus funciones.

Los tiempos de espera para los padres incluyen varias formas de autocuidado, que van desde breves momentos de soledad hasta descansos más prolongados. Hacer pausas rápidas puede ser salir al aire libre para tomar un poco de aire fresco, practicar la respiración profunda durante un rato o hacer una breve actividad de atención plena. Las vacaciones prolongadas podrían incluir la planificación de un día libre para explorar pasatiempos particulares, la planificación de una escapada de fin de semana o la participación en actividades agradables y estimulantes. El secreto es personalizar los tiempos de espera en función de los gustos y requisitos personales, entendiendo que el autocuidado es el viaje de un individuo.

Los beneficios de los tiempos de espera para los padres van más allá del bienestar individual; Crean un ambiente familiar positivo y enriquecedor. Cuando los padres priorizan el autocuidado, modelan la importancia de mantener el equilibrio mental y emocional. Los niños observan a sus padres como individuos con necesidades, límites y mecanismos de afrontamiento, fomentando una comprensión saludable del autocuidado desde una edad temprana. Además, los padres que practican el autocuidado están mejor equipados para manejar los desafíos de la crianza, responder a los niños con paciencia y empatía, y mantener una dinámica familiar más armoniosa.

La implementación de tiempos de espera para los padres

requiere un cambio de mentalidad, un reconocimiento de que el autocuidado no es un lujo, sino un aspecto fundamental de la crianza efectiva. Superar la culpa o los sentimientos de egoísmo es crucial; Los padres deben reconocer que el cuidado de uno mismo mejora la capacidad de cuidar a los demás. La comunicación dentro de una pareja de padres es vital para garantizar que ambos miembros de la pareja entiendan y apoyen mutuamente la necesidad de tiempo fuera. Establecer de forma colaborativa una rutina que se adapte a los descansos de cada padre puede contribuir a una dinámica de crianza más equilibrada y de apoyo.

Incorporar los tiempos de espera en las rutinas diarias implica planificación y compromiso. Es esencial crear un horario que incluya momentos para el cuidado personal, designar días específicos para descansos más prolongados y comunicar estos planes a los padres o a las redes de apoyo. Construir una red de apoyo para los padres solteros, a través de amigos, familiares o recursos comunitarios, se vuelve primordial. Se necesita una aldea para criar a un niño, y reconocer la necesidad de apoyo y respiro es una fortaleza, no una debilidad.

Las estrategias prácticas para los tiempos de espera

pueden variar según las preferencias y circunstancias individuales. Para algunos, incorporar prácticas de atención plena en las rutinas diarias, como la meditación o el yoga, puede ser un descanso breve pero impactante. Otros pueden encontrar consuelo en los pasatiempos, la lectura o la naturaleza. Encontrar cosas que hacer que te hagan feliz, relajado y satisfecho es la clave. Los tiempos de espera efectivos también se pueden facilitar designando un área física en la casa para pensar tranquilamente, como un santuario privado o un rincón agradable.

El lugar de trabajo, que a menudo es una causa importante de estrés para los padres, es esencial para el éxito de las políticas de tiempo fuera. Los padres pueden incorporar de manera más efectiva el autocuidado en sus rutinas diarias cuando tienen horarios de trabajo flexibles, posibilidades de teletrabajo y políticas favorables a la familia. Las organizaciones que promueven una cultura de comprensión y apoyo a las obligaciones parentales mejoran el bienestar general de los empleados.

Dada la frecuencia del estrés y el agotamiento de los padres, los efectos de los tiempos de espera en la salud mental de los padres son significativos. El estrés a largo plazo puede empeorar las condiciones de salud mental como la ansiedad y la depresión, que pueden tener un impacto en el bienestar general de las personas y en la calidad de las relaciones entre padres e hijos. Los tiempos de espera permiten a los padres procesar los sentimientos, obtener perspectiva y crear mecanismos de afrontamiento mientras actúan como un amortiguador contra los efectos acumulativos del estrés. Las rutinas regulares de autocuidado están relacionadas con una mayor resiliencia, estados de ánimo más felices y perspectivas de crianza más optimistas.

Si bien los beneficios de los tiempos de espera o de los padres son sustanciales, es esencial reconocer las posibles barreras para la implementación. Los obstáculos comunes incluyen la culpa, las expectativas sociales percibidas y la creencia de que la crianza efectiva requiere un sacrificio constante. Superar estas barreras implica desafiar las narrativas sociales en torno a la paternidad, priorizar el bienestar personal sin culpa y replantear el autocuidado como un aspecto integral de la crianza efectiva. La educación y la defensa en torno a la importancia del autocuidado de los padres contribuyen a una mierda cultural que normaliza y apoya estas prácticas.

En conclusión, los tiempos de espera para los padres emergen como un componente vital del viaje de crianza: un enfoque intencional y proactivo para mantener el bienestar individual y fomentar un entorno familiar positivo. Los padres pueden lidiar mejor con los desafíos de la crianza de los hijos con gracia y resiliencia identificando los síntomas de estrés, priorizando el cuidado personal y programando momentos de respiro en las rutinas diarias. El impacto transformador de los tiempos de espera se extiende más allá del individuo, influyendo en la dinámica familiar y creando un ambiente hogareño enriquecedor y equilibrado. Al adoptar el concepto de los tiempos fuera, los padres se embarcan en un viaje de autodescubrimiento, autocompasión y el cultivo de un enfoque más sostenible y satisfactorio de la profunda responsabilidad de criar a la próxima generación.

Llevar un diario y prácticas reflexivas

En el intrincado tapiz de la experiencia humana, el arte de la introspección tiene un profundo significado. Llevar un diario se convierte en una herramienta eficaz para las personas que quieren profundizar en sus ideas, sentimientos y experiencias como práctica reflexiva. Arraigado en tradiciones antiguas y adoptado por la psicología contemporánea, el diario proporciona un espacio estructurado para la autoexpresión, el autodescubrimiento y el crecimiento personal. Esta sección profundiza en el ámbito multifacético del diario y las prácticas reflexivas, desentrañando los beneficios psicológicos, los enfoques prácticos y el impacto transformador que estos ejercicios intencionales pueden tener en el bienestar y la sensación general de realización de las personas.

En esencia, escribir un diario captura los pensamientos, sentimientos y experiencias de uno en papel. El proceso consiste en traducir el funcionamiento interno de la mente en palabras escritas, creando un registro tangible del viaje de uno por la vida. Las prácticas reflexivas, entrelazadas con el diario, invitan a las personas a profundizar en sus experiencias, examinando los matices de sus emociones y patrones de pensamiento. El acto de introspección, facilitado por el diario, tiende un puente entre el consciente y el subconsciente, lo que permite a las personas navegar por su paisaje interior con mayor claridad y comprensión.

Llevar un diario tiene varias ventajas psicológicas significativas. Escribir puede ser una liberación terapéutica para las personas, ya que les permite procesar situaciones difíciles, dejar de lado los sentimientos no procesados y experimentar la catarsis. Este proceso de expresión emocional contribuye a la reducción del estrés, proporcionando un medio constructivo y saludable para hacer frente a las complejidades de la vida. Además, escribir un diario se ha relacionado con una mejor regulación del estado de ánimo, una mayor conciencia de sí mismo y una mayor sensación de bienestar psicológico.

Llevar un diario facilita el cultivo de la autoconciencia, un componente esencial de la inteligencia emocional. Al participar regularmente en prácticas reflexivas, las personas desarrollan una mayor comprensión de sus emociones, desencadenantes y patrones de comportamiento. Esta autoconciencia forma la base para una toma de decisiones más intencional, mejores relaciones interpersonales y una conexión más profunda con el propio yo auténtico. Escribir un diario se convierte en un espejo que refleja los matices del paisaje emocional de uno, fomentando un enfoque consciente e intencional para navegar por las complejidades de la vida.

La estructura del diario reflexivo permite a las personas rastrear su crecimiento y evolución personal a lo largo del tiempo. Al revisar entradas pasadas, las personas observan patrones de desarrollo, identifican áreas de resiliencia y reconocen momentos de triunfo o aprendizaje. Esta lente retrospectiva proporciona una perspectiva valiosa sobre el viaje de autodescubrimiento, reforzando la narrativa del crecimiento personal y la resiliencia frente a los desafíos. Escribir un diario se convierte en un documento dinámico y vivo, un testimonio del proceso continuo de devenir.

Uno de los aspectos distintivos del diario es su versatilidad para adaptarse a varios estilos y enfoques. Algunas personas prefieren llevar un diario estructurado, utilizando indicaciones o formatos específicos para guiar sus reflexiones. Otros se dedican a la escritura de forma libre o de flujo de conciencia, permitiendo que los pensamientos fluyan orgánicamente en las páginas. El diario visual, que incorpora imágenes, dibujos o elementos de collage, proporciona una salida creativa para aquellos que resuenan con la expresión gráfica. La flexibilidad de llevar un diario permite a las personas adaptar sus prácticas reflexivas para que se adapten a sus preferencias y necesidades únicas.

La intersección de la atención plena y el diario crea una potente sinergia que mejora los beneficios de ambas prácticas. Llevar un diario consciente implica abordar el acto de escribir con total presencia y conciencia. Las personas se involucran en el proceso con una mentalidad abierta y sin prejuicios, observando sus pensamientos y emociones a medida que surgen. Este enfoque consciente profundiza la experiencia reflexiva y cultiva un sentido de aceptación y compasión hacia uno mismo. Llevar un diario consciente se convierte en una práctica meditativa, un momento de conexión intencional con el momento presente y el paisaje interior.

El diario de gratitud representa una forma especializada de práctica reflexiva que se centra en reconocer y expresar gratitud. Este énfasis deliberado en los aspectos buenos de la vida se ha relacionado con varias ventajas psicológicas, como un elevado bienestar general, un estado de ánimo elevado y una mayor satisfacción con la vida. Llevar un cuaderno de gratitud te ayuda a desarrollar una mentalidad apreciativa y una perspectiva positiva de la vida al animarte a registrar tus momentos de agradecimiento, pequeños o grandes.

El valor terapéutico del diario se destaca por su inclusión en los procesos terapéuticos. La escritura es una estrategia terapéutica conocida que se utiliza en la terapia de diario para ayudar con el autoexamen, la liberación emocional y el desarrollo personal. Los ejercicios de diario son una forma común para que los terapeutas animen a los clientes a explorar sus ideas y sentimientos fuera del entorno terapéutico. Este método cooperativo fortalece el vínculo terapéutico y da a las personas el poder de participar activamente en la rehabilitación.

Compartir los pensamientos y experiencias más íntimas a través de la escritura puede ser un proceso profundamente íntimo y vulnerable. Mientras que algunas personas optan por mantener sus diarios en privado, otras pueden encontrar valor en compartir sus reflexiones con amigos de confianza, familiares o grupos de apoyo. Este aspecto comunitario del diario crea una narrativa compartida de experiencias, fomentando las conexiones y la empatía entre las personas que resuenan con temas similares. La capacidad de las historias compartidas para trascender las experiencias personales y fomentar un sentido de la universalidad del viaje humano les da su poder.

El periodismo se vuelve particularmente impactante durante la transición, la pérdida o los cambios significativos en la vida. El proceso reflexivo proporciona un contenedor para navegar por las complejidades de las emociones durante esos momentos. Ya sea lidiando con el dolor, embarcándose en un nuevo capítulo o enfrentando desafíos inesperados, escribir un diario se convierte en un compañero de desayuno, un espacio para procesar, dar sentido e imaginar un camino a seguir. Poner las palabras en papel puede ser un faro de autodescubrimiento y resiliencia en tiempos de incertidumbre.

La era digital ha marcado el comienzo de nuevas dimensiones del diario, con plataformas en línea y herramientas digitales que ofrecen formas alternativas de participar en prácticas reflexivas. Los blogs, los diarios digitales y las aplicaciones móviles diseñadas para la escritura reflexiva brindan a las personas vías convenientes y accesibles para la autoexpresión. Si bien la esencia de escribir un diario sigue arraigada en la introspección, estos medios digitales ofrecen flexibilidad y conveniencia adicionales, atendiendo a diversas preferencias y estilos de vida.

A pesar de los innumerables beneficios de llevar un diario, existen barreras potenciales para una práctica constante. Las limitaciones de tiempo, la percepción de falta de habilidades de escritura o la creencia de que los pensamientos de uno no son lo suficientemente significativos como para documentarlos son obstáculos comunes. Superar estas barreras implica replantear el diario como una práctica flexible y accesible. Comenzar con compromisos pequeños y manejables, experimentar con diferentes estilos y ver el diario como un proceso en lugar de un producto contribuye a establecer una práctica reflexiva sostenible y enriquecedora.

En conclusión, el diario y las prácticas reflexivas son puertas de entrada al paisaje interior, un viaje de autodescubrimiento, expresión emocional y crecimiento personal. Ya sea a través de indicaciones estructuradas, exploración consciente o reconocimiento de gratitud, llevar un diario permite a las personas navegar intencionalmente por sus pensamientos y emociones. Los beneficios psicológicos de la autoconciencia, la regulación emocional y la evolución personal subrayan el impacto transformador del diario en el bienestar general. A medida que los individuos se involucran en esta introspección intencional, se embarcan en una exploración dinámica y enriquecedora de sus mundos internos, tejiendo una narrativa de resiliencia, autodescubrimiento y el proceso continuo de devenir.

CAPÍTULO VI
Crear un ambiente tranquilo en el hogar

Organizar y ordenar

En el mundo contemporáneo, cuando nuestras vidas suelen seguir un ritmo acelerado, los lugares en los que vivimos tienen un impacto significativo en la forma en que se configuran nuestras experiencias y nuestro bienestar general. Organizar un desorden se ha convertido en algo más que una tarea doméstica; Es un enfoque consciente e intencional para curar espacios habitables que fomentan la armonía, la eficiencia y una sensación de tranquilidad. Más allá, la mera disposición de las pertenencias, la organización y el desorden se vuelven transformadores, influyendo en el entorno físico y en los estados mentales y emocionales del individuo. Esta sección profundiza en los aspectos multifacéticos de la organización y el desorden, explorando los beneficios psicológicos, las estrategias prácticas y el profundo impacto que estas prácticas pueden tener en la creación de espacios que fomentan una sensación de equilibrio y bienestar.

En esencia, la organización y el desorden implican la disposición intencional y la eliminación de posesiones dentro de un espacio. El concepto va más allá de la mera limpieza; Abarca una evaluación cuidadosa de las pertenencias, la priorización de los elementos esenciales y la creación de sistemas que mejoren la funcionalidad. La organización es un proceso dinámico que evoluciona con las necesidades y el estilo de vida cambiantes, lo que requiere un compromiso continuo para mantener el orden. Cuando se aborda con atención plena e intencionalidad, la organización y el desorden se convierten en herramientas poderosas para transformar los espacios vitales en santuarios que apoyan el bienestar de sus habitantes.

Los beneficios psicológicos de un entorno organizado y libre de desorden son amplios. Los estudios han demostrado que el estado del entorno afecta significativamente el bienestar mental, influyendo en factores como los niveles de estrés, la función cognitiva y el estado emocional. Por otro lado, un espacio organizado fomenta una sensación de control, claridad y calma, proporcionando a las personas un telón de fondo de apoyo para sus actividades diarias.

Uno de los principales beneficios psicológicos de organizar un desorden es reducir el estrés. El desorden puede crear un caos visual, lo que lleva a una carga cognitiva constante a medida que las personas navegan por sus espacios vitales. El desorden simplifica el campo visual, minimizando los estímulos que pueden aumentar los niveles de estrés. Un entorno desordenado promueve una sensación de orden, lo que facilita que las personas se concentren, se relajen y participen en actividades sin la distracción mental causada por el desorden.

Además, un espacio vital organizado mejora la función cognitiva y la productividad. El cerebro humano está influenciado por su entorno, y el desorden puede causar una sobrecarga cognitiva, lo que perjudica la concentración y el juicio. Por el contrario, un entorno organizado y lleno de estrés favorece la claridad mental, lo que permite a las personas pensar con mayor claridad, tomar decisiones de forma más eficiente y abordar las tareas con mayor concentración y eficiencia. Esta ventaja cognitiva se extiende a diversos aspectos de la vida, desde las actividades relacionadas con el trabajo hasta los proyectos personales y las rutinas diarias.

El impacto emocional de un espacio organizado y ordenado está estrechamente ligado al bienestar. El desorden se ha asociado con la culpa, la frustración y la sensación de agobio. Ordenar se convierte en un proceso liberador, que permite a las personas desprenderse de posesiones que ya no tienen un propósito o un significado emocional. La creación de un espacio curado e intencional fomenta una atmósfera dinámica positiva, promoviendo sentimientos de contento, satisfacción y control del entorno.

La organización y el desorden se extienden más allá del entorno físico; influyen en las elecciones de estilo de vida y en los patrones de consumo. En una sociedad impulsada por el consumo, la acumulación de posesiones a menudo se equipara con el éxito o la felicidad. Sin embargo, el desorden intencional desafía esta narrativa, enfatizando la calidad de las posesiones sobre la cantidad. Este cambio de perspectiva fomenta el consumo consciente, en el que las personas dan prioridad a los artículos que aportan alegría, funcionalidad o significado genuinos a sus vidas. Ordenar se convierte en un acto consciente de reevaluar la relación con las posesiones materiales y fomentar un sentido de gratitud por los artículos que realmente mejoran el bienestar.

Las estrategias prácticas para organizar y ordenar implican un enfoque sistemático que tenga en cuenta las necesidades y preferencias únicas de los individuos. El Método Kon Mari de Marie Kondo recomienda ordenar en función de si un objeto "despierta alegría". Esta estrategia promueve un enfoque deliberado y reflexivo para ordenar al alentar a las personas a evaluar sus pertenencias de acuerdo con su impacto emocional. Clasificar las posesiones en categorías y trabajar en una a la vez es otra táctica que permite a las personas concentrarse en secciones particulares de sus hogares y decidir qué preservar, regalar o desechar.

El desorden puede tener una carga emocional, especialmente cuando se trata de artículos sentimentales. El enfoque de Marie Kondo enfatiza la expresión de gratitud por los objetos antes de dejarlos ir, reconociendo su papel en la vida de uno. Esta despedida consciente reconoce el apego emocional al tiempo que crea espacio para nuevas experiencias y recuerdos y, además, involucrar a toda la familia en la organización fomenta un sentido de responsabilidad compartida. Garantiza que los sistemas organizativos implementados se alineen con las necesidades y preferencias de todos los residentes.

El desorden digital se ha vuelto cada vez más relevante en la era de la tecnología. El paisaje digital a menudo refleja el físico, acumulando desorden digital en archivos, correos electrónicos y no ficciones. El establecimiento de sistemas organizativos digitales, la limpieza periódica de archivos digitales y la conservación de espacios en línea contribuyen a un entorno digital optimizado y eficiente. El desorden digital mejora la productividad, reduce el agobio digital y fomenta una relación más saludable con la tecnología.

El concepto de minimalismo se alinea estrechamente con los principios de organización y desorden. El minimalismo aboga por simplificar la vida centrándose en las posesiones esenciales, eliminando los excesos y priorizando las experiencias sobre la acumulación material. El enfoque minimalista desafía las normas sociales que equiparan la felicidad con la posesión de más, alentando a las personas a redefinir sus valores y prioridades. Una mentalidad minimalista contribuye a un enfoque más intencional y consciente de la organización de los espacios habitables.

El impacto de organizar y ordenar se extiende a varias facetas de la vida, incluidas las relaciones y el bienestar personal. Un espacio desordenado y desorganizado puede tensar las relaciones, lo que lleva a conflictos sobre los espacios compartidos, dificultad para encontrar pertenencias y una sensación general de caos. Por el contrario, un espacio de vida organizado y armonioso contribuye a crear una atmósfera positiva, facilitando la comunicación abierta, las responsabilidades compartidas y la unidad entre los miembros del hogar. Los beneficios de un entorno ordenado se extienden a través de varios aspectos de la vida, fomentando una sensación de equilibrio y bienestar.

Los beneficios de organizar y ordenar no se limitan a los hogares individuales; se extienden a implicaciones sociales y ambientales más amplias. El consumo excesivo y el desperdicio contribuyen a la degradación ecológica, y una cultura de consumo consciente se alinea con las prácticas de vida sostenibles. Las personas que practican la organización y el desorden con un propósito son parte de un movimiento más significativo para reducir los desechos, minimizar el impacto ambiental y promover una forma de vida más sostenible.

En conclusión, organizar y ordenar representan algo más que esfuerzos superficiales para mantener un espacio vital ordenado; Encapsulan prácticas intencionales y conscientes que influyen en el bienestar mental, emocional y social. Los beneficios psicológicos de la reducción del estrés, la mejora de la función cognitiva y la mejora del bienestar emocional subrayan el impacto transformador de estas prácticas. Ya sea adoptando principios minimalistas, adoptando el desorden digital o incorporando la gratitud en el proceso de desorden, las personas pueden cultivar espacios que fomenten un sentido de armonía y equilibrio. A medida que navegamos por las complejidades de la vida contemporánea, organizar y ordenar se convierte en un viaje de autodescubrimiento, reevaluación de prioridades y compromiso para fomentar el bienestar dentro de nuestros espacios.

Designación de espacios de relajación

En el paisaje acelerado y exigente de la vida moderna, los espacios de relación intencional dentro de nuestros hogares han ganado reconocimiento como una piedra angular del bienestar general. Designar áreas específicas dedicadas a la relajación trasciende la mera estética; Es un acto intencionado de crear santuarios que promuevan la tranquilidad, el rejuvenecimiento mental y un respiro del estrés de la vida diaria. Esta sección profundiza en los aspectos multifacéticos de la designación de espacios de relajación, explorando los beneficios psicológicos, las consideraciones prácticas y el impacto transformador que estos entornos intencionales pueden tener en el cultivo de la paz y el equilibrio en nuestras vidas.

En esencia, designar espacios de relajación implica crear espacios intencionales dentro de nuestros entornos vitales, donde el enfoque principal es fomentar la calma y el rejuvenecimiento. Estos espacios sirven como retiros de las demandas del trabajo, la familia y las presiones externas, ofreciendo a las personas la oportunidad de relajarse, recargar energías y participar en actividades que promueven el bienestar mental y emocional. La importancia de los espacios de relajación radica en su diseño físico y su impacto psicológico en las personas que buscan consuelo y respiro.

Los beneficios psicológicos de tener espacios de relajación designados son profundos y se extienden a varios aspectos del bienestar mental y emocional. En un mundo caracterizado por la estimulación constante y la conectividad digital, estos espacios contrarrestan ofreciendo soledad y atención plena. El acto intencional de entrar en un espacio de relajación señala un cambio de mentalidad, creando un límite mental entre las demandas del mundo exterior y la necesidad interna de rejuvenecimiento. Esta separación mental fomenta una sensación de autonomía y control sobre el propio bienestar.

La reducción del estrés es una de las principales ventajas psicológicas de las zonas de relajación. Una característica común de la vida contemporánea es el estrés crónico, que está relacionado con una serie de problemas de salud física y mental. Las áreas especializadas para la relajación sirven como refugios seguros donde las personas pueden practicar técnicas para aliviar el estrés, como la respiración profunda, la meditación o simplemente descansar en un entorno tranquilo. El diseño intencionado de estas áreas, que incorpora características de confort y tranquilidad, se suma a una experiencia sensorial que ayuda a reducir el estrés.

Además, los espacios de relajación sirven como catalizadores de la monotonía, una práctica vinculada a una mayor conciencia, una mejor concentración y una conexión más profunda con el momento presente. Ya sea que incorporen elementos naturales, colores relajantes o actividades conscientes como leer o escribir un diario, estos espacios se vuelven propicios para las prácticas de atención plena. Los elementos de diseño intencionados, como los asientos cómodos, la iluminación suave y la exclusión de distracciones, animan a las personas a sumergirse plenamente en el presente, fomentando un estado mental que trasciende el ajetreo de la vida diaria.

Establecer áreas útiles para relajarse en casa ayuda a fomentar una atmósfera mental saludable y alentadora. Estas áreas alientan a las personas a poner su salud mental y emocional en primer lugar, sirviendo como recordatorios del valor del autocuidado. Establecer un espacio designado para descansar transmite un fuerte mensaje sobre lo importante que es la salud mental, lo que respalda una perspectiva positiva y un sentido de autoestima.

Las consideraciones prácticas juegan un papel fundamental en el diseño y la utilización efectiva de los espacios de relajación. La ubicación de estos espacios dentro de una casa debe alinearse con las preferencias y el estilo de vida de la persona. Algunos pueden preferir espacios aislados lejos de las áreas de alto tráfico, mientras que otros pueden encontrar comodidad en la integración de elementos de relajación en los espacios de vida compartidos. La flexibilidad del diseño permite adaptar estos espacios a las necesidades cambiantes y a las preferencias.

La selección del mobiliario, la decoración y la iluminación influyen drásticamente en el ambiente de las zonas de ocio. Los materiales suaves, los cojines de felpa y las cómodas configuraciones de los asientos mejoran la calidez y la comodidad. Los componentes naturales, como las materias primas o las plantas, pueden mejorar la serenidad general de la atmósfera al fomentar una sensación de conexión con el mundo exterior. Los colores cálidos y suaves fomentan la relajación, y la iluminación artificial y natural establece significativamente el estado de ánimo.

La incorporación de elementos sensoriales en los espacios de relajación mejora la experiencia general. La aromaterapia puede aportar una dimensión de confort olfativo a través de aceites esenciales o velas aromáticas. Los paisajes sonoros, ya sea a través de música suave, sonidos de la naturaleza o ruido blanco, contribuyen a un ambiente auditivo relajante. Estas consideraciones sensoriales contribuyen a un enfoque holístico, involucrando múltiples sentidos para crear una experiencia de relajación armoniosa e inmersiva.

La multifuncionalidad de los espacios de relajación permite diversas actividades que se adaptan a las preferencias individuales. Mientras que algunos pueden encontrar consuelo en las prácticas meditativas, otros pueden preferir dedicarse a pasatiempos, leer o escuchar música. La clave es crear un espacio que se adapte a diversas actividades, lo que permite a las personas adaptar su experiencia de relajación en función de su estado de ánimo y necesidades en cualquier momento.

La era digital ha introducido nuevas dimensiones en los espacios de relajación, y la tecnología influye tanto en el diseño como en la utilización de estos entornos. La incorporación de dispositivos domésticos inteligentes, como sistemas de iluminación o sonido programables, permite personalizar una experiencia inmersiva. Sin embargo, se debe mantener un delicado equilibrio para garantizar que la tecnología complemente, en lugar de restar, el objetivo general de crear un espacio para el rejuvenecimiento mental.

El impacto transformador de los espacios de relajación se extiende más allá del individuo para influir en las relaciones interpersonales y en la atmósfera general de un hogar. Los espacios de relajación compartidos brindan oportunidades para la conexión y el vínculo entre los miembros de la familia o los convivientes. Participar en actividades de relajación fomenta un sentido de unidad, experiencias compartidas y comunicación abierta. La energía positiva cultivada dentro de estos espacios se propaga por todo el hogar, contribuyendo a un entorno de vida armonioso y de apoyo.

La designación de espacios de relajación se alinea con las tendencias sociales más amplias que enfatizan la importancia del bienestar integral. La integración de las prácticas de relajación en la vida diaria desafía la dicotomía tradicional entre el trabajo y el ocio, alentando a las personas a ver el bienestar como un aspecto continuo e integrado de sus vidas. A medida que los lugares de trabajo adoptan cada vez más acuerdos de trabajo flexibles y remotos, la necesidad de spas de relajación intencionales dentro de los hogares se vuelve más pronunciada, contrarrestando los límites borrosos entre la vida profesional y personal.

En conclusión, el acto intencional de desinflamar los espacios de relajación dentro de los hogares es un paso decisivo para priorizar el bienestar mental y emocional frente a las exigencias de la vida moderna. Los beneficios psicológicos, las consideraciones prácticas y el impacto transformador de estos entornos intencionales contribuyen a un enfoque holístico del autocuidado. A medida que las personas adoptan el concepto de crear actuarios para la tranquilidad, se embarcan en un viaje para cultivar el equilibrio, la atención plena y una profunda conexión con su bienestar dentro de los espacios que llaman hogar.

Establecer rutinas y límites

En la intrincada danza de la vida diaria, el establecimiento de rutinas y límites emerge como una práctica fundamental, ofreciendo a las personas una brújula para navegar por las complejidades de la existencia moderna. Estas conferencias intencionadas proporcionan un marco para gestionar el tiempo, la energía y las prioridades, fomentando un sentido de orden, capacidad de predicción y equilibrio. Esta sección profundiza en la dinámica multifacética de establecer rutinas y límites, explorando los beneficios psicológicos, las consideraciones físicas y el impacto transformador que estas prácticas intencionales pueden tener en el cultivo de una vida que se alinee con los valores y aspiraciones individuales.

En esencia, las rutinas son patrones de comportamiento o actividades que siguen una secuencia predecible, proporcionando un sentido de estructura y orden a la vida diaria. Desde las rutinas matutinas hasta las rutinas de trabajo y los rituales nocturnos, estos patrones crean un ritmo que ayuda a las personas a hacer la transición entre las diferentes fases de su día. Los beneficios psicológicos de las rutinas son múltiples, ya que contribuyen a una sensación de estabilidad, reducción del estrés y mejora del bienestar general.

Uno de los principales beneficios psicológicos de establecer rutinas es reducir la fatiga de decisión. En un mundo lleno de opciones, la carga cognitiva de la toma de decisiones puede ser abrumadora. Las rutinas automatizan ciertos aspectos de la vida diaria, lo que permite que las imágenes conserven la energía mental para tomar decisiones más críticas. Al agilizar las tareas y actividades mundanas, las rutinas crean una sensación de eficiencia, liberando recursos cognitivos para tomar decisiones más intencionales y significativas.

Además, las rutinas proporcionan una sensación de previsibilidad y control sobre el entorno. El cerebro humano anhela la previsibilidad y el orden, y las rutinas ofrecen un marco estructurado que infunde una sensación de seguridad y familiaridad. Esta previsibilidad se vuelve especialmente crucial en tiempos de incertidumbre o estrés, ya que sirve como una fuerza estabilizadora en la que las personas pueden confiar. La comodidad derivada de las rutinas establecidas contribuye al bienestar emocional, ayudando a los individuos a navegar las incertidumbres de la vida con mayor resiliencia.

Establecer rutinas matutinas y vespertinas cierra el día con actividades intencionales, influyendo en la trayectoria general de la experiencia diaria. Ya sea ejercicio, prácticas de atención plena o actividades nutritivas, una rutina matutina se convierte en una plataforma de lanzamiento para un día caracterizado por la intencionalidad y el propósito. Del mismo modo, una rutina nocturna señala una transición a la relajación y prepara la mente y el cuerpo para un sueño reparador.

Las rutinas juegan un papel crucial en la gestión del tiempo y el logro de objetivos en el trabajo y la productividad. Las rutinas de trabajo, que pueden incluir horas específicas de inicio y finalización, descansos designados y priorización estructurada de tareas, contribuyen a aumentar la productividad y a un uso más eficiente del tiempo. Al establecer una rutina que se alinee con las preferencias laborales y los niveles de energía individuales, las personas pueden optimizar sus días de trabajo y reducir la probabilidad de sentirse abrumados o agotados.

Si bien las rutinas proporcionan un sentido de estructura y predicción, los límites son barreras protectoras que definen límites y delinean el espacio y el tiempo personal. Establecer límites implica establecer pautas claras para comportamientos, interacciones y compromisos aceptables. Los beneficios psicológicos de los límites son profundos y contribuyen a mejorar la salud mental, aumentar la autoestima y establecer relaciones interpersonales más saludables.

En un mundo hiperconectado, las personas pueden verse inundadas con demandas constantes de tiempo y atención. Establecer límites permite a las personas proteger su espacio mental y emocional, protegiéndolas contra las presiones externas y previniendo el agotamiento. Esta práctica intencional se vuelve crucial en el equilibrio entre el trabajo y la vida personal, ya que los límites claros ayudan a las personas a navegar por la delicada interacción entre las responsabilidades profesionales y personales.

Además, los límites contribuyen a aumentar la autoconciencia y la autoestima. Al definir claramente los límites personales, los deciduales comprenden mejor sus necesidades, valores y prioridades. Esta autoconciencia constituye la base para una toma de decisiones saludable, ya que las personas pueden alinear sus elecciones con sus valores y aspiraciones fundamentales. Establecer y mantener límites también comunica un sentido de autoestima, reforzando que el bienestar personal es una prioridad que merece protección.

En las relaciones interpersonales, establecer límites fomenta conexiones más sanas y respetuosas. Los límites saludables garantizan que las personas entablen relaciones basadas en el respeto y el consentimiento mutuos, evitando la erosión de la autonomía personal. Los límites claramente comunicados establecen expectativas, minimizan la falta de comunicación y fomentan una atmósfera en la que las personas se sienten cómodas expresando sus deseos y preferencias. Los límites saludables permiten que las personas interactúen de manera auténtica y con un sentido de agencia, fomentando interacciones significativas y satisfactorias.

Las consideraciones prácticas juegan un papel crucial en el establecimiento efectivo de rutinas y límites. Alinear las rutinas con las preferencias individuales, los ritmos circadianos y los niveles de energía mejora la sostenibilidad. La flexibilidad dentro de las rutinas permite la adaptación a las circunstancias cambiantes, manteniendo al mismo tiempo la estructura general. Experimentar con diferentes elementos de las rutinas, como la incorporación de prácticas de atención plena o el ajuste de la secuencia de actividades, ayuda a las personas a adaptar sus rutinas para que se adapten a sus necesidades y objetivos únicos.

En el caso de los límites, la comunicación efectiva es primordial. Articular los límites con los demás implica expresar las necesidades, las expectativas y los límites de manera respetuosa y asertiva. La coherencia en la aplicación de los límites refuerza su legitimidad y comunica la importancia de mantener el bienestar personal. La creación de señales físicas y simbólicas, como espacios de trabajo designados o protocolos de comunicación específicos, ayuda a señalar la presencia de límites y apoya su implementación efectiva.

El impacto transformador del establecimiento de rutinas y límites se extiende más allá del individuo para influir en normas sociales y culturales más amplias. A medida que las personas priorizan el bienestar a través de la práctica intencional, contribuyen a un cambio en los valores sociales, desafiando la glorificación del ajetreo constante y promoviendo un enfoque más equilibrado y sostenible de la vida. Reconocer la importancia de las rutinas y los límites fomenta culturas que priorizan el bienestar de los empleados, aumentando la satisfacción laboral, la productividad y la salud general de la organización.

En conclusión, establecer rutinas y límites es una pieza clave para perseguir una vida equilibrada y plena. Los beneficios psicológicos de las rutinas, incluida la reducción de la fatiga de decisión, el aumento del intento predecible y la mejora de la gestión del tiempo, contribuyen al bienestar general. Del mismo modo, establecer límites protege el espacio mental y emocional, mejora la autoconciencia y fomenta relaciones más saludables. A medida que las personas navegan por las complejidades de la vida contemporánea, las prácticas intencionales de rutinas y límites se convierten en principios rectores, dando forma a una vida que se alinea con los valores, prioridades y aspiraciones individuales.

CAPÍTULO VII
Disciplina Positiva

Entendiendo la Disciplina vs. el Castigo

La disciplina y el castigo a menudo se usan indistintamente, sin embargo, representan enfoques distintos con profundas implicaciones para moldear el comportamiento y fomentar el desarrollo personal. La disciplina, basada en la orientación, la educación y el refuerzo positivo, tiene como objetivo enseñar a los individuos el autocontrol, la responsabilidad y el sentido de la moralidad. Por el contrario, el castigo se basa en la coerción, el miedo y la imposición de consecuencias para disuadir el comportamiento indeseable. Esta sección explora las diferencias matizadas entre la disciplina y el castigo, profundizando en las implicaciones psicológicas, el impacto en el desarrollo del carácter y el papel que desempeñan estos enfoques en el cultivo de un comportamiento positivo y de individuos completos.

Cuando se ve a través de una lente positiva, la disciplina encarna un enfoque holístico para el manejo del comportamiento que prioriza la comprensión, la orientación y la educación. La etimología de la palabra "disciplina" se remonta a la palabra latina "disciplina", que significa enseñanza, aprendizaje y conocimiento. La disciplina busca inculcar valores, cultivar el autocontrol y guiar a las personas hacia la toma de decisiones responsables. La disciplina positiva reconoce las etapas de desarrollo de los individuos, reconociendo que el proceso de aprendizaje implica cometer errores y comprender las consecuencias de las acciones.

La disciplina positiva enfatiza el establecimiento de expectativas y límites claros, al tiempo que fomenta la comunicación abierta. Implica enseñar a las personas los principios de empatía, respeto y responsabilidad. Cuando nos enfrentamos a un comportamiento indeseable, la atención se centra en comprender y abordar las causas subyacentes de forma constructiva. Las estrategias de disciplina positiva incluyen la escucha activa, la resolución de problemas y la toma de decisiones colaborativa, alentando a las personas a internalizar los valores y principios enseñados.

Crucialmente, la disciplina positiva pone un fuerte énfasis en el refuerzo positivo. Reconocer y recompensar el comportamiento positivo motiva a las personas a repetir acciones que se alinean con las normas y expectativas sociales. Este enfoque aprovecha el principio psicológico del condicionamiento operante, donde los resultados positivos refuerzan el comportamiento deseado. Las estrategias de disciplina positiva, como los elogios, el estímulo y las recompensas, crean un entorno de apoyo que fomenta el sentido de autoestima y fomenta la motivación intrínseca.

Por el contrario, el castigo opera bajo la premisa de disuadir el comportamiento indeseable a través de la imposición de consecuencias negativas. La atención se centra en el control externo, que a menudo implica medidas punitivas como tiempos muertos, pérdida de privilegios o consecuencias físicas. Las raíces del castigo están incrustadas en la idea de retribución, buscando infligir incomodidad o dolor como respuesta a un comportamiento inaceptable. Si bien el castigo puede suprimir el comportamiento temporalmente, no enseña inherentemente a las personas los valores o habilidades necesarios para la modificación del comportamiento a largo plazo.

Una de las principales críticas al castigo es su potencial para generar efectos secundarios adversos. El miedo asociado con el castigo puede llevar al resentimiento, al desafío o a un enfoque en evitar el castigo en lugar de internalizar valores positivos. Además, el castigo puede no abordar las causas subyacentes del comportamiento, limitándose a suprimir los síntomas sin abordar los problemas de raíz. La naturaleza coercitiva del castigo puede tensar las relaciones, creando una atmósfera de hostilidad o miedo en lugar de una de comprensión y confianza mutuas.

El impacto psicológico de la disciplina y el castigo en el desarrollo del carácter es sustancial y duradero. Como enfoque positivo y educativo, la disciplina contribuye al desarrollo de individuos con fuertes brújulas morales, sentido de responsabilidad y motivación intrínseca. La disciplina positiva cultiva una mentalidad de crecimiento, en la que las personas ven los obstáculos como oportunidades de crecimiento y desarrollo. La disciplina positiva que enfatiza fuertemente la empatía y la comprensión desarrolla personas emocionalmente competentes que pueden comportarse con amabilidad y respeto en circunstancias sociales.

Por otro lado, el castigo podría tener efectos imprevistos en el desarrollo del carácter de una persona. Las medidas punitivas pueden causar sentimientos de insuficiencia, hostilidad o una percepción distorsionada de la autoridad debido al miedo y la ansiedad que generan. Las personas castigadas pueden internalizar una sensación de impotencia, lo que impide el crecimiento de la autonomía y el autocontrol. Evitar los malos resultados a expensas de internalizar los buenos valores puede conducir a una conformidad superficial con las normas sociales sin comprender adecuadamente su importancia.

Las implicaciones a largo plazo de la disciplina y el castigo son evidentes en varios aspectos de la vida de un individuo. La disciplina positiva forma individuos que exhiben autocontrol, resiliencia y sentido de responsabilidad. Es más probable que estas personas se involucren en un comportamiento prosocial, contribuyan positivamente a sus comunidades y superen los desafíos con una mentalidad constructiva. El refuerzo positivo y la orientación recibida durante la infancia a través de la disciplina positiva sientan las bases para unas relaciones interpersonales sanas y un enfoque integral de la vida.

Por el contrario, los efectos del castigo pueden manifestarse en conductas desadaptativas, como el desafío, la agresión o la sumisión impulsada por el miedo. Las personas que han experimentado medidas punitivas pueden tener problemas de confianza, exhibir problemas de comportamiento externalizados o desarrollar actitudes negativas hacia las figuras de autoridad. La estrategia de castigo, que enfatiza el control externo, puede impedir el crecimiento de habilidades críticas para la vida, incluido el control emocional, la resolución de conflictos y la resolución de problemas.

El papel de la disciplina y el castigo se extiende más allá del desarrollo individual a las estructuras sociales y las normas culturales. En los entornos educativos, la elección entre la disciplina positiva y el castigo da forma al entorno de aprendizaje e influye en las relaciones entre educadores y estudiantes. La disciplina positiva en la educación promueve un ambiente de colaboración y apoyo donde los educadores actúan como mentores, guiando a los estudiantes hacia el crecimiento personal y el éxito académico. Este enfoque fomenta el amor por el aprendizaje, la motivación intrínseca y una cultura escolar positiva.

Por el contrario, las medidas punitivas en la educación pueden contribuir a crear un clima de miedo, sumisión o rebelión. El énfasis en el control a través del castigo puede crear una dinámica jerárquica que dificulta la comunicación abierta y la colaboración. Es posible que el enfoque punitivo no aborde las razones subyacentes de los problemas de comportamiento o las dificultades académicas, continuando un círculo vicioso de refuerzo negativo sin brindar oportunidades para el crecimiento y el desarrollo personal.

Comprender el papel de la disciplina y el castigo es especialmente crítico en el contexto de los sistemas de justicia penal. El enfoque punitivo tradicional, centrado en el castigo como retribución, ha sido objeto de escrutinio por su limitada eficacia para reducir la reincidencia y rehabilitar a las personas. Alternativas como la justicia restaurativa, que enfatiza la rendición de cuentas, la empatía y la reparación del daño, se alinean más estrechamente con los principios de la disciplina positiva. La justicia restaurativa aborda las causas fundamentales del comportamiento delictivo, promueve la curación de las víctimas y reintegra a los delincuentes a la sociedad como individuos responsables y empáticos.

En la crianza contemporánea, la elección entre la disciplina y el castigo influye profundamente en la relación padre-hijo y en el desarrollo de habilidades esenciales para la vida. Las personas emocionalmente inteligentes y resilientes se desarrollan a través de consecuencias naturales, elecciones y expectativas claras, todas las cuales son componentes de técnicas disciplinarias positivas. El desarrollo de un vínculo sólido entre padres e hijos, la comunicación y la comprensión son la máxima prioridad para los padres que utilizan técnicas de disciplina positiva.

Por el contrario, confiar en el castigo en la crianza de los hijos puede tensar la relación padre-hijo, lo que lleva a luchas de poder, resentimiento o cumplimiento impulsado por el miedo. Las medidas punitivas, como el castigo corporal, se han asociado con resultados adversos, incluido el aumento de la agresión, el comportamiento antisocial y los problemas de salud mental en los niños. El cambio hacia la disciplina positiva en la crianza de los hijos se alinea con la evolución de los valores sociales, reconociendo la importancia de nutrir a las personas emocionalmente sanas y socialmente responsables.

En conclusión, los matices entre la disciplina y el castigo abarcan profundas implicaciones para el desarrollo individual, la formación del carácter y las estructuras sociales. Cuando se aborda positivamente, la disciplina es una herramienta educativa que fomenta la motivación intrínseca, la responsabilidad y el desarrollo moral. La disciplina positiva enfatiza la comprensión, la orientación y el cultivo de habilidades esenciales para la vida. Por el contrario, el castigo se basa en el control externo, el miedo y la coerción para disuadir el comportamiento indeseable, lo que a menudo conduce a consecuencias no deseadas.

La elección entre la disciplina y el castigo se extiende a varias facetas de la vida, incluyendo la educación, la justicia penal y la crianza de los hijos. Adoptar la disciplina positiva crea individuos que exhiben resiliencia, inteligencia emocional y sentido de la responsabilidad. Por el contrario, el enfoque punitivo puede producir un cumplimiento a corto plazo, pero corre el riesgo de obstaculizar el desarrollo de la autonomía, la autorregulación y una comprensión genuina de los valores sociales. A medida que las sociedades evolucionan, el énfasis en la disciplina positiva se convierte en parte integral para cultivar individuos completos que contribuyan positivamente a sus comunidades y naveguen por los desafíos de la vida con una mentalidad constructiva y empática.

Implementación del refuerzo positivo

El refuerzo positivo, arraigado en la psicología conductual, es un enfoque poderoso y práctico para moldear el comportamiento y fomentar el desarrollo personal. A diferencia de las medidas punitivas o la disciplina estricta, el refuerzo positivo fomenta el comportamiento deseado mediante la introducción de recompensas o estímulos positivos. Esta sección explora los principios y aplicaciones del refuerzo positivo, profundizando en los mecanismos psicológicos en juego, el impacto en la motivación individual y cómo este enfoque se puede implementar en varios contextos para crear un entorno positivo y de apoyo.

En esencia, el refuerzo positivo opera según el principio de fortalecer el comportamiento asociándolo con un resultado positivo. Este mecanismo psicológico se basa en el trabajo de B.F. Skinner, un reconocido psicólogo y conductista, demostró que es probable que se repita el comportamiento seguido de una consecuencia gratificante. En el refuerzo positivo, las recompensas pueden tomar varias formas, incluidos elogios verbales, recompensas tangibles u oportunidades para actividades preferidas. La clave es crear una conexión entre el comportamiento y un resultado positivo, motivando a las personas a participar en el comportamiento deseado con más frecuencia.

Los fundamentos psicológicos del refuerzo positivo se alinean con los principios del condicionamiento operante, una forma de aprendizaje en la que el comportamiento está influenciado por sus consecuencias. El refuerzo positivo consiste en presentar un estímulo (la recompensa) inmediatamente después de que se produce una conducta, lo que aumenta la probabilidad de que la conducta se repita. La inmediatez y la consistencia del refuerzo juegan un papel crucial en el establecimiento de la asociación entre el comportamiento y la recompensa.

La capacidad del refuerzo positivo para aumentar la motivación intrínseca es una de sus características principales. A diferencia de las estrategias de control externo como el castigo, que se basan en la intimidación o la fuerza, el refuerzo positivo apela a las motivaciones y objetivos internos de las personas. Es más probable que las personas sientan una sensación de autonomía, satisfacción y logro cuando su actividad da resultados positivos. Cuando las personas experimentan resultados positivos debido a su comportamiento, es más probable que sientan una sensación de logro, autonomía y satisfacción. Este sentido interno de recompensa fomenta la motivación intrínseca, en la que los individuos se involucran en el comportamiento deseado porque lo encuentran inherentemente satisfactorio y agradable.

El refuerzo positivo tiene un impacto en las actitudes, la autopercepción y el bienestar general de las personas, además de los cambios de comportamiento inmediatos. El elogio verbal transmite aceptación, reconocimiento y un sentido de valor al reconocer un comportamiento en particular. El refuerzo positivo contribuye a desarrollar un autoconcepto positivo, reforzando la idea de que los individuos son capaces, dignos de reconocimiento y capaces de contribuir positivamente a su entorno.

En entornos educativos, la implementación del refuerzo positivo ha ganado reconocimiento como una herramienta poderosa para promover la participación, la motivación y el éxito académico de los estudiantes. Los maestros que incorporan estrategias de refuerzo positivo crean un ambiente en el aula que valora el esfuerzo, la perseverancia y una mentalidad de crecimiento. Al proporcionar comentarios oportunos y específicos, reconocer los logros y ofrecer incentivos, los educadores capacitan a los estudiantes para que asuman un papel activo en su viaje de aprendizaje.

Las recompensas tangibles, como pegatinas o certificados, sirven como representaciones concretas de logros, reforzando la conexión positiva entre el esfuerzo y el éxito. Además, cuando se pronuncian con sinceridad y precisión, los elogios verbales comunican a los estudiantes que sus contribuciones son vistas, valoradas y apreciadas. El refuerzo positivo en la educación motiva a los estudiantes a sobresalir académicamente y fomenta el amor por el aprendizaje y un sentido de autoeficacia.

El refuerzo positivo es fundamental para promover una cultura organizacional positiva, aumentar la moral y mejorar el rendimiento de los empleados en el lugar de trabajo. Los líderes que reconocen y recompensan activamente a los empleados por sus contribuciones crean un ambiente de trabajo motivador. Los programas de reconocimiento, los premios al empleado del mes o los elogios verbales durante las reuniones de equipo son herramientas para reconocer los logros individuales y colectivos.

El refuerzo positivo tiene un impacto significativo en la retención, la satisfacción y el éxito general de la organización en el lugar de trabajo. Es más probable que los trabajadores se comprometan, se dediquen y se inspiren para dar lo mejor de sí mismos si se sienten valorados y apreciados. El refuerzo positivo contribuye a un ciclo de retroalimentación positiva, en el que se anima a los empleados a seguir exhibiendo los comportamientos deseados, lo que conduce a un mejor rendimiento individual y de equipo.

El refuerzo positivo es una piedra angular de la disciplina efectiva y el manejo del comportamiento en la crianza de los hijos. Los padres que utilizan técnicas de refuerzo positivo crean un ambiente familiar enriquecedor y de apoyo. Los elogios verbales, el estímulo y un sistema de recompensas pueden ser herramientas poderosas para reforzar el comportamiento positivo en los niños. La consistencia del refuerzo positivo ayuda a los niños a comprender las expectativas, desarrollar un sentido de responsabilidad e internalizar los valores y las normas sociales.

Implementar el refuerzo positivo en la crianza de los hijos implica ser específico sobre el comportamiento que se refuerza, proporcionar retroalimentación oportuna y asegurarse de que las recompensas sean significativas para el niño. El uso de una tabla de recompensas, en la que los niños ganan estrellas o fichas por completar tareas o exhibir un comportamiento positivo, es una estrategia de refuerzo positivo popular y práctica. Esto motiva a los niños a participar en los comportamientos deseados y les enseña el concepto de ganar recompensas a través del esfuerzo y la responsabilidad.

El refuerzo positivo es crucial para lograr objetivos y cultivar hábitos positivos en el desarrollo personal y la formación de hábitos. El refuerzo positivo puede ser un poderoso motivador, ya sea que se esfuerce por alcanzar objetivos de acondicionamiento físico, adopte opciones de estilo de vida más saludables o desarrolle nuevas habilidades. Reconocer las pequeñas victorias, celebrar los hitos e incorporar recompensas en el proceso crea un ciclo de retroalimentación positiva que mantiene la motivación y el impulso.

Establecer objetivos definidos, dividirlos en pasos factibles y establecer recompensas claras por alcanzar cada hito son parte de la implementación del refuerzo positivo en el crecimiento personal. Al vincular los resultados positivos con los comportamientos deseados, las personas crean un sentido de responsabilidad y motivación que las impulsa hacia sus objetivos. El enfoque de refuerzo positivo promueve una mentalidad de crecimiento, resiliencia y una perspectiva optimista sobre el desarrollo personal.

Si bien el refuerzo positivo es una estrategia valiosa y eficaz, su implementación exitosa requiere una cuidadosa consideración e individualización. La elección de las recompensas debe alinearse con las preferencias y valores de las personas involucradas. Lo que puede ser reforzante para una persona puede no tener el mismo impacto en otra. Además, el momento del refuerzo es crítico, ya que la retroalimentación inmediata mejora la asociación entre el comportamiento y la recompensa.

Por otra parte, el concepto de modelado, una técnica derivada del condicionamiento operante, implica reforzar aproximaciones sucesivas de la conducta deseada. Este refuerzo gradual de las conductas que se acercan a la conducta objetivo permite un enfoque paso a paso de la modificación de la conducta. La conformación es particularmente efectiva cuando se trabaja hacia objetivos complejos o a largo plazo, lo que permite a las personas avanzar hacia el comportamiento deseado en incrementos manejables.

Si bien el refuerzo positivo es una herramienta poderosa, es esencial reconocer que no es una solución única para todos. Algunos individuos pueden responder más positivamente a ciertos tipos de refuerzo que otros. Además, la dependencia excesiva de las recompensas extrínsecas sin fomentar la motivación intrínseca puede disminuir la eficacia del refuerzo positivo con el tiempo. Por lo tanto, un enfoque equilibrado que incorpore varias estrategias de refuerzo suele ser el más eficaz para crear un cambio de comportamiento duradero.

En conclusión, el refuerzo positivo es un enfoque versátil e impactante para moldear el comportamiento, fomentar la motivación y promover el desarrollo personal. El refuerzo positivo, enraizado en el condicionamiento operante, asocia el comportamiento con resultados favorables para fomentar la repetición de esa acción. El refuerzo positivo contribuye a un entorno positivo y de apoyo que fomenta la motivación intrínseca, la resiliencia y una mentalidad de crecimiento, ya sea que se aplique en la educación, el lugar de trabajo, la crianza de los hijos o el desarrollo personal. A medida que las personas y las organizaciones reconocen el poder del refuerzo positivo, desbloquean el potencial para un cambio de comportamiento sostenido, el crecimiento personal y la creación de comunidades positivas y prósperas.

Consistencia en la crianza de los hijos

La consistencia en la crianza de los hijos es un principio fundamental que da forma a la relación padre-hijo e influye profundamente en el bienestar emocional y el desarrollo de un niño. Implica mantener un entorno estable y predecible en el que las expectativas, las reglas y las respuestas al comportamiento permanezcan uniformes a lo largo del tiempo. Esta sección explora la importancia de la consistencia en la crianza de los hijos, profundizando en las implicaciones psicológicas, el impacto en el desarrollo infantil y las estrategias prácticas para fomentar un enfoque de crianza consistente y de apoyo.

En esencia, la consistencia en la crianza de los hijos proporciona una sensación de seguridad y previsibilidad para los niños. El cerebro en desarrollo de un niño prospera con la rutina y la estructura, y la consistencia sirve como el andamiaje sobre el cual se desarrolla un desarrollo saludable. Cuando los niños saben qué esperar en su entorno, sienten una sensación de seguridad, que es crucial para formar apegos seguros y desarrollar un autoconcepto positivo.

La consistencia es evidente en varios aspectos de la crianza de los hijos, incluyendo el establecimiento y el cumplimiento de reglas, el establecimiento de rutinas y la respuesta a los comportamientos. Cuando los padres son consistentes en sus expectativas y consecuencias para el comportamiento, los niños aprenden sobre los límites, desarrollan un sentido de responsabilidad e internalizan los valores que guían su toma de decisiones. Animar a los niños a comprender las repercusiones de sus acciones a través de una disciplina constante les ayuda a desarrollar la empatía y el autocontrol.

Por otro lado, la crianza inconsistente puede llevar a la confusión e inseguridad en los niños. Cuando las reglas son arbitrarias, o la aplicación varía según el estado de ánimo o las circunstancias de los padres, los niños pueden tener dificultades para comprender los límites del comportamiento aceptable. La inconsistencia en las respuestas al comportamiento puede crear incertidumbre, dejando a los niños sintiéndose ansiosos o frustrados. Esta falta de previsibilidad puede afectar la regulación emocional de un niño, lo que dificulta la navegación por situaciones sociales y la formación de relaciones saludables.

Uno de los principales beneficios psicológicos de la consistencia en la crianza de los hijos es establecer confianza entre padres e hijos. La confianza es un elemento fundamental en cualquier relación saludable y es particularmente crucial en la dinámica padre-hijo. Cuando los niños confían en que las respuestas de sus padres serán consistentes y justas, desarrollan un apego seguro, un componente vital para el bienestar emocional y el desarrollo social saludable.

La crianza consistente ayuda a construir un sentido de confiabilidad y confiabilidad en la relación padre-hijo. Los niños que experimentan consistencia en sus cuidadores tienen más probabilidades de sentirse seguros en la búsqueda de consuelo, la expresión de emociones y la exploración de su entorno. El apego seguro que se forma a través de la crianza constante se convierte en un ancla psicológica que apoya la resiliencia emocional y la adaptabilidad del niño a los desafíos de la vida.

En la disciplina, la consistencia es un eje para el manejo efectivo del comportamiento. Cuando las consecuencias de la conducta se aplican de manera consistente, los niños aprenden a asociar acciones específicas con resultados predecibles. Esta claridad ayuda a los niños a comprender los principios de causa y efecto, facilitando el desarrollo de un sentido de responsabilidad y rendición de cuentas por sus acciones. La disciplina constante también comunica a los niños que las reglas no son arbitrarias, sino que están diseñadas para garantizar su seguridad, bienestar y competencia social.

Además, las respuestas consistentes a la conducta contribuyen al desarrollo de la regulación emocional de los niños. Los niños internalizan estas habilidades cuando los padres modelan y enseñan constantemente una expresión emocional saludable y estrategias de afrontamiento. La consistencia en la provisión de apoyo emocional y orientación ayuda a los niños a aprender a navegar sus emociones de manera efectiva, promoviendo la resiliencia y los mecanismos de afrontamiento adaptativos.

La consistencia práctica en la crianza de los hijos implica una comunicación clara de las expectativas y las consecuencias. Los padres deben articular reglas y expectativas apropiadas para la edad y alinearlas con la etapa de desarrollo del niño. Las reglas consistentes proporcionan a los niños un marco para comprender los límites del comportamiento aceptable y contribuyen a un ambiente familiar armonioso.

La coherencia se extiende a la aplicación de las consecuencias de la conducta. Cuando las consecuencias se aplican de manera consistente, los niños aprenden que sus acciones tienen resultados predecibles. Esta previsibilidad es esencial para el desarrollo del pensamiento de causa y efecto y la comprensión de las normas sociales. Las consecuencias consistentes también contribuyen a la equidad, ya que todos los niños son tratados de manera equitativa, lo que fomenta un sentido de justicia e igualdad dentro de la unidad familiar.

En las rutinas, la consistencia es crucial para crear un entorno estructurado y estable. Las rutinas diarias, como las comidas, la hora de acostarse y los horarios de tareas, les dan a los niños una sensación de orden y previsibilidad. Las rutinas consistentes ayudan a desarrollar habilidades de administración del tiempo, regulan los patrones de sueño y crean oportunidades para interacciones positivas entre padres e hijos.

La constancia en las rutinas es particularmente beneficiosa durante los momentos de transición o estrés. Durante los períodos difíciles, como mudarse a un nuevo hogar o adaptarse a una nueva escuela, las rutinas consistentes actúan como anclas, proporcionando a los niños un marco familiar y seguro. Las rutinas se convierten en una fuente de comodidad y estabilidad, ayudando a los niños a navegar el cambio con mayor resiliencia.

Si bien la consistencia es una piedra angular de la crianza efectiva, es esencial reconocer que no implica rigidez o inflexibilidad. La flexibilidad dentro de la crianza consistente permite ajustes basados en las necesidades individuales, las etapas de desarrollo o las circunstancias específicas. La crianza coherente implica equilibrar la firmeza con la calidez y proporcionar a los niños una estructura al tiempo que se permite la autonomía y la exploración apropiadas para su edad.

Los patrones de crianza inconsistentes pueden surgir por varias razones, como el estrés, el agotamiento o la falta de conciencia de la importancia de la consistencia. Los padres pueden encontrarse haciendo cumplir las reglas de manera inconsistente, respondiendo de manera diferente a comportamientos similares o variando rutinas al azar. Establecer un ambiente estable y enriquecedor para los niños requiere identificar y resolver los comportamientos erráticos.

La autoconciencia y la introspección por parte de los padres son esenciales para enseñar consistencia. Evaluar periódicamente su estilo de crianza e identificar las áreas en las que es necesario reforzar la coherencia puede beneficiar a los padres. Consultar recursos para padres, grupos de vecinos o consejos de expertos puede ofrecer perspectivas y técnicas útiles para superar los obstáculos de manera constante.

En conclusión, la coherencia en la crianza es un principio dinámico y esencial que contribuye al bienestar y desarrollo emocional de los niños. Proporciona un entorno estable y predecible, fomentando apegos seguros, confianza y un autoconcepto positivo. La consistencia en el establecimiento y la aplicación de reglas, el establecimiento de rutinas y la respuesta a la conducta contribuye al manejo eficaz de la conducta, al desarrollo de la regulación emocional y al cultivo de la responsabilidad en los niños. Los padres que incorporan activamente la consistencia en su estilo de crianza y comprenden su importancia fomentan un ambiente hogareño amoroso y de apoyo que promueve el crecimiento saludable de los niños.

CAPÍTULO VIII
Autocuidado de los padres

Importancia del autocuidado para los padres

El viaje de la paternidad es una experiencia profunda y gratificante marcada por el amor, la alegría y la satisfacción de nutrir una nueva vida. Sin embargo, en medio de las alegrías y responsabilidades, los padres a menudo enfrentan desafíos y demandas significativas que pueden afectar su bienestar físico, emocional y mental. Mientras cuidan a sus hijos, los padres deben reconocer la importancia del autocuidado. El cuidado personal de los padres va más allá de la mera indulgencia; Es un aspecto vital para mantener la salud en general, preservar un sentido de identidad y desarrollar resiliencia frente a las complejidades de la paternidad.

La paternidad, con sus innumerables responsabilidades, puede llevar a descuidar el bienestar de los padres. La naturaleza exigente de cuidar a un niño, administrar las tareas domésticas y, en muchos casos, equilibrar una carrera puede resultar en agotamiento y agotamiento. El autocuidado es un enfoque deliberado y proactivo para mantener la salud física y mental, asegurando que los padres estén mejor equipados para manejar sus desafíos y brindar una atención óptima a sus hijos.

El bienestar físico es una piedra angular de la crianza efectiva, y el autocuidado juega un papel central en su preservación y mejora. Las exigencias del cuidado de un niño, especialmente en los primeros años, pueden ser físicamente agotadoras. La falta de sueño, los patrones de alimentación irregulares y la falta de ejercicio son desafíos comunes que enfrentan los padres. Priorizar el autocuidado a través de un sueño adecuado, una nutrición equilibrada y actividad física regular es esencial para que los padres mantengan sus niveles de energía, función cognitiva y salud en general.

Para los padres, en particular, dormir lo suficiente es esencial, ya que afecta directamente su capacidad para manejar las responsabilidades de la paternidad. Además de afectar las capacidades emocionales y cognitivas, la falta de sueño reduce la inmunidad, lo que pone a los padres en mayor riesgo de enfermedad. Las técnicas de autocuidado que promueven una mejor resiliencia física y emocional incluyen la creación de un ambiente amigable para dormir, el establecimiento de buenos hábitos de sueño y la rotación de las tareas nocturnas.

Otra parte esencial del autocuidado de los padres es una dieta equilibrada. Ser padre con frecuencia resulta en hábitos alimenticios erráticos o una dependencia de alimentos precocinados, que pueden ser deficientes en nutrientes esenciales. Hacer de una dieta saludable una prioridad les da a los padres la energía y la nutrición que necesitan para cumplir con las responsabilidades de la paternidad. Preparar comidas, que incluyan una variedad de frutas y verduras, y beber mucha agua son acciones factibles que contribuyen al bienestar físico.

La actividad física regular contribuye a la salud física y afecta positivamente el bienestar mental y emocional. El ejercicio libera endorfinas, los potenciadores naturales del estado de ánimo del cuerpo, reduciendo el estrés y promoviendo el bienestar. Los padres pueden incorporar la actividad física a su rutina eligiendo actividades que disfruten, como caminar, andar en bicicleta o participar en clases de gimnasia. Además, involucrar a los niños en actividades físicas fomenta un estilo de vida saludable para toda la familia.

El bienestar emocional está estrechamente relacionado con el autocuidado, y reconocer y abordar las emociones es crucial para el autocuidado de los padres. Las demandas emocionales de la paternidad, junto con las expectativas sociales y el deseo de ser un padre perfecto, pueden provocar estrés, ansiedad y sentimientos de insuficiencia. El autocuidado implica reconocer y validar las propias emociones, buscar apoyo cuando sea necesario e implementar estrategias para manejar el estrés.

La autorreflexión regular es una técnica esencial de autocuidado que ayuda a los padres a reconocer y manejar sus sentimientos. Los padres pueden descubrir fuentes de estrés, obtener información sobre sus estados de ánimo y crear mecanismos de afrontamiento escribiendo un diario, practicando la atención plena o simplemente pasando un tiempo tranquilo haciendo introspección. Establecer metas razonables, admitir defectos y darse cuenta de que es aceptable buscar ayuda cuando sea necesario son otros componentes del autocuidado emocional.

Buscar apoyo es un aspecto vital del autocuidado emocional. La paternidad no viene con un manual, y cada padre enfrenta desafíos únicos. Conectarse con otros padres, unirse a grupos de apoyo o buscar ayuda profesional cuando sea necesario proporciona una red valiosa para compartir experiencias, obtener conocimientos y recibir apoyo emocional. Establecer una comunicación abierta con la pareja, los miembros de la familia o los amigos crea un entorno de apoyo en el que los padres se sienten escuchados y comprendidos.

El bienestar mental está estrechamente relacionado con la salud emocional; Las prácticas de autocuidado que promueven el bienestar mental son esenciales para los padres. El malabarismo constante de las responsabilidades, la toma de decisiones y la adaptación a las necesidades cambiantes de un niño puede ser mentalmente agotador. Las técnicas de mindfulness y relajación son estrategias efectivas de autocuidado que mejoran el bienestar mental.

Ser consciente implica prestar atención a los pensamientos y sentimientos sin juzgarlos y estar en el momento presente. Incluir ejercicios de atención plena como el yoga, la meditación o la respiración profunda en las tareas cotidianas les da a los padres paz y claridad. Estas técnicas disminuyen el estrés y mejoran la concentración, el juicio y el rendimiento cognitivo.

Una de las partes más importantes del autocuidado mental es establecer límites. Los padres pueden sentirse demasiado comprometidos y sobrecargados debido a las muchas demandas de su tiempo y atención durante la paternidad. Establecer límites inequívocos sobre el tiempo y el espacio personal permite a los padres poner su salud en primer lugar y evitar el agotamiento. Tres tácticas críticas para preservar la salud mental incluyen reservar tiempo para el cuidado personal, asignar responsabilidades y aprender cuándo decir que no.

Preservar un sentido de identidad es un desafío importante para muchos padres, ya que el enfoque a menudo se desplaza por completo a las necesidades del niño. El autocuidado implica reconocer y nutrir los propios intereses, pasiones y metas. Mantener un sentido de identidad contribuye a la realización personal y es un ejemplo positivo para los niños, enfatizando la importancia de perseguir las propias aspiraciones.

Mantener relaciones sociales fuera de la maternidad, seguir intereses personales y dedicarse a pasatiempos contribuyen a un sentido completo de sí mismo. Reservar tiempo para actividades agradables y satisfactorias mantiene a los padres vinculados a su yo único y promueve un equilibrio saludable entre las responsabilidades de crianza y el placer personal. Involucrar a los niños en actividades grupales también los ayuda a sentirse conectados y apreciar la compañía de los demás.

Equilibrar las responsabilidades de crianza con las demandas personales y profesionales requiere una gestión eficaz del tiempo, otro aspecto crítico del autocuidado. Priorizar y organizar las tareas, establecer objetivos realistas y reconocer el valor del tiempo de inactividad contribuyen a una estrategia eficaz de gestión del tiempo. Asignar tiempo para actividades de cuidado personal, ya sea ejercicio, lectura o dedicarse a un pasatiempo, garantiza que los padres prioricen su bienestar en medio de sus numerosas responsabilidades.

La importancia del autocuidado para los padres se extiende más allá del bienestar individual a la dinámica general de la familia. Un padre que practica el autocuidado está mejor equipado para manejar los desafíos de la crianza, mantener un ambiente familiar positivo y de apoyo, y modelar comportamientos saludables para sus hijos. Los niños se benefician de observar a los padres que priorizan el autocuidado y aprender lecciones valiosas sobre la importancia del bienestar, el equilibrio y el respeto por sí mismos.

En conclusión, el autocuidado es un aspecto integral de la crianza efectiva, que contribuye a la salud y el bienestar general de los padres. El bienestar físico, emocional y mental son componentes interconectados que requieren una atención intencional y constante. Al priorizar el autocuidado, los padres mejoran su capacidad para navegar por las complejidades de la paternidad y preparan el escenario para un entorno familiar positivo y enriquecedor. Reconocer el valor del autocuidado es un componente esencial de la crianza resiliente y ética, no un gesto egoísta. La crianza que prioriza su salud crea la base para una vida familiar más feliz, saludable y satisfactoria.

Encontrar tiempo para pasatiempos personales

En el ajetreo y el bullicio de la vida diaria, llena de responsabilidades profesionales, obligaciones familiares y el zumbido constante de la tecnología, encontrar tiempo para pasatiempos personales a menudo puede parecer un lujo reservado para raros momentos de ocio. Sin embargo, dedicarse a pasatiempos personales no es simplemente una indulgencia frívola, sino un aspecto vital del cuidado personal y el crecimiento personal. Esta sección explora la importancia de los pasatiempos personales, los desafíos de dedicarles tiempo en un mundo ajetreado y los beneficios que obtienen las personas cuando priorizan y cultivan sus pasiones.

Los pasatiempos personales abarcan diversas actividades en las que las personas participan para disfrutar, relajarse y realizarse personalmente. Desde actividades artísticas como pintar y tocar instrumentos musicales hasta actividades físicas como la jardinería o los deportes, los pasatiempos brindan una vía para expresar la creatividad, aliviar el estrés y fomentar una sensación de logro. Si bien los pasatiempos específicos pueden variar ampliamente entre los individuos, el hilo común es la alegría y la satisfacción intrínsecas derivadas de estas actividades.

Uno de los principales desafíos a los que se enfrentan las personas para encontrar tiempo para pasatiempos personales es el ritmo implacable de la vida moderna. Las exigencias del trabajo, la familia y los compromisos sociales a menudo hacen que las personas se sientan al límite, con poco espacio para actividades que pueden parecer no esenciales. La percepción de los pasatiempos personales como "extra" u "opcional" a menudo los relega al final de la lista de prioridades, lo que resulta en pasiones descuidadas e intereses inexplorados.

Encontrar tiempo para pasatiempos personales se ha vuelto más difícil en la era digital a pesar de su increíble conveniencia y conectividad. Las personas pueden experimentar escasez de tiempo y sentirse abrumadas debido a la avalancha constante de correos electrónicos y notificaciones y el deseo de navegar por las redes sociales. Programar un tiempo específico para los pasatiempos se hace más difícil por la confusión de las líneas que separan el trabajo de la vida personal.

Sin embargo, a pesar de estas dificultades, dedicar

tiempo a los intereses personales es crucial. Las personas son más felices y se sienten más satisfechas cuando participan en actividades alegres. Participar en pasatiempos es una forma potente para que las personas se separen del estrés de la vida cotidiana y se pierdan en actividades que les entusiasman.

Los pasatiempos personales también juegan un papel crucial en la promoción de la salud mental. La naturaleza inmersiva de participar en un pasatiempo, ya sea leer, pintar o hacer jardinería, permite a las personas entrar en un estado de flujo. En este estado mental, están completamente absortos en la actividad, experimentando una profunda concentración y una sensación de atemporalidad. Este estado de flujo se ha relacionado con el aumento de la felicidad, la reducción de la ansiedad y la mejora del bienestar general.

Además, las aficiones personales contribuyen al

desarrollo de una vida completa y equilibrada. Al perseguir el éxito profesional o cumplir con las responsabilidades familiares, las personas pueden descuidar involuntariamente otras dimensiones de su identidad. Los pasatiempos proporcionan una vía para la autoexpresión, la exploración y el desarrollo de habilidades e intereses fuera del alcance de los roles profesionales o familiares. Este compromiso multifacético con la vida contribuye a una sensación de plenitud y realización personal.

Dedicar tiempo a pasatiempos personales no es egoísta, sino una inversión en el bienestar físico y emocional de uno. Los efectos rejuvenecedores de participar en un pasatiempo se extienden más allá de la duración de la actividad en sí. Las personas que priorizan sus pasiones a menudo se encuentran con más energía, concentración y resiliencia para enfrentar los desafíos de la vida diaria.

Los beneficios de un pasatiempo bien nutrido repercuten en varios aspectos de la vida de un individuo, impactando positivamente en las relaciones, el rendimiento laboral y la satisfacción general con la vida.

A pesar de los innumerables beneficios, las personas a menudo necesitan ayuda con los aspectos prácticos de encontrar tiempo para pasatiempos personales. Un primer paso para priorizar los pasatiempos implica un cambio de mentalidad que reconozca la importancia del autocuidado y la realización personal. Reconocer que el bienestar emocional es una prioridad y no una ocurrencia tardía sienta las bases para buscar y crear activamente oportunidades para la participación en los pasatiempos.

Encontrar tiempo para actividades personales requiere una gestión eficaz del tiempo. Las personas pueden comenzar evaluando sus horarios semanales o diarios y señalando ciertos momentos para reservar para sus intereses. Esto puede designar momentos particulares, como una hora en la mañana del fin de semana o una hora en la noche, solo para su actividad. Hacer de los pasatiempos personales una parte regular de la rutina requiere una programación consciente y un compromiso con este tiempo.

Establecer expectativas razonables es otro componente crucial de la incorporación de actividades personales en una agenda ocupada. Comprender que la participación prolongada en un pasatiempo puede no ser posible todos los días y que los contratiempos ocasionales son normales podría ayudar a las personas a lidiar con posibles contratiempos sin darse por vencidos. Ser adaptable en su enfoque alivia la presión de seguir un plan estricto frente a las circunstancias cambiantes.

Priorizar los pasatiempos personales también puede implicar negociar los límites con las demandas externas. Comunicar la necesidad de dedicar tiempo a los pasatiempos con los miembros de la familia o colegas fomenta la comprensión y el apoyo. Establecer límites claros, como designar horas específicas como "tiempo de pasatiempo" y minimizar las distracciones durante este período, ayuda a crear un entorno propicio para el compromiso enfocado.

La desintoxicación digital es una estrategia cada vez más popular para encontrar tiempo para pasatiempos personales y desconectarse de los dispositivos electrónicos, incluso por un corto período de tiempo. Puede liberar tiempo que, de otro modo, se dedicaría a desplazarse sin pensar o responder a los correos electrónicos del trabajo. La creación de una zona designada como "libre de tecnología" durante el tiempo de pasatiempo mejora los aspectos inmersivos y terapéuticos de la actividad.

Incluir los intereses personales en las actividades cotidianas es otra buena estrategia para garantizar una participación constante. Las personas pueden, por ejemplo, integrar sus pasatiempos con sus actividades actuales, por ejemplo, combinando actividades físicas como caminar o andar en bicicleta en su régimen de entrenamiento o escuchando audiolibros o podcasts sobre sus intereses mientras viajan.

Otro factor a tener en cuenta a la hora de integrar las aficiones personales en la vida diaria es su componente social. Participar en organizaciones, grupos de pasatiempos o escuelas ofrece un entorno social y estructurado que mejora la responsabilidad y la motivación. Participar en pasatiempos como un esfuerzo grupal y como oportunidades para vincularse se crea cuando se comparten experiencias con amigos o familiares.

Además, las ventajas de tener una afición personal van más allá del tiempo de ocio. Las empresas y organizaciones se están dando cuenta cada vez más de los beneficios de los pasatiempos en la productividad y el bienestar de los trabajadores. Los empleados que trabajan en un ambiente que apoya el equilibrio entre el trabajo y la vida personal y les permite perseguir sus pasiones son más felices y están más comprometidos.

En conclusión, encontrar tiempo para pasatiempos personales no es una indulgencia, sino un componente vital para mantener el bienestar general en el panorama acelerado y exigente de la vida contemporánea. Reconocer la importancia de las pasiones personales, cultivar una mentalidad que priorice el autocuidado e implementar estrategias prácticas para la gestión del tiempo son pasos esenciales para garantizar que los pasatiempos personales se conviertan en una parte integral y constante de la vida diaria. A medida que las personas se involucran activamente con sus pasiones, experimentan los beneficios inmediatos del alivio del estrés y la alegría y contribuyen a una vida equilibrada, satisfactoria y enriquecida.

Buscar el apoyo de los demás

En el intrincado tapiz de la experiencia humana, el viaje por la vida está marcado por varios desafíos, triunfos y momentos que dan forma a nuestras narrativas. En medio de la complejidad de este viaje, buscar el apoyo de los demás emerge como un aspecto poderoso y esencial para navegar por los inevitables altibajos. Esta sección explora la importancia de buscar apoyo, sus diversas formas y su impacto transformador en el bienestar, la resiliencia y el sentido de conexión de las personas.

En esencia, la búsqueda de apoyo es un reconocimiento de la vulnerabilidad humana y una aceptación de la interdependencia inherente que caracteriza la existencia humana. A medida que las personas se dan cuenta de que pedir ayuda no es un signo de debilidad, sino de fuerza y conocimiento, el mito de la autosuficiencia es refutado. Acudir a los demás en busca de apoyo, ya sea frente al estrés, las luchas personales o los logros, construye una red de conexiones que mejora la experiencia humana.

Una de las principales formas de apoyo es el apoyo emocional, que consiste en compartir los sentimientos, las experiencias y las vulnerabilidades de uno con personas de confianza. Este apoyo es fundamental para el bienestar emocional, ya que proporciona un espacio seguro para que las personas se expresen de forma auténtica. El apoyo emocional fomenta un sentido de validación, empatía y comprensión, creando un amortiguador contra los sentimientos de aislamiento o soledad. Hablar sobre los desafíos o las alegrías con un amigo, familiar o confidente puede ser profundamente terapéutico, ya que ofrece una nueva perspectiva y alivia la carga emocional.

El apoyo práctico es otra dimensión vital de la búsqueda de ayuda de los demás. En momentos de desafíos tangibles o tareas abrumadoras, el apoyo práctico puede implicar ayuda con las responsabilidades diarias, como el cuidado de los niños, las tareas domésticas o los arreglos logísticos. Los amigos, la familia o los miembros de la comunidad pueden intervenir para compartir la carga, brindando alivio y creando un sentido de responsabilidad colectiva. Esta forma de apoyo es particularmente crucial durante las transiciones de la vida, las crisis o los períodos de mayor estrés, cuando las demandas de tiempo y energía de un individuo pueden exceder su capacidad.

El corolario del apoyo práctico es instrumental, lo que implica obtener recursos materiales, consejo o dirección. Ya sea dinero, asesoramiento experto o conocimientos especializados, el apoyo instrumental brinda a las personas los recursos y las herramientas que necesitan para superar los obstáculos. Hacer juicios informados, conquistar desafíos y lograr metas personales o profesionales puede facilitarse buscando el consejo de mentores, profesionales o compañeros informados.

El poder de pedir ayuda es particularmente pronunciado cuando se trata de salud mental. Los problemas de salud mental, como el estrés, la depresión o la ansiedad, pueden tener un efecto significativo en la calidad de vida y el bienestar general de una persona. Uno de los pasos más críticos en el camino hacia la recuperación y la curación es buscar ayuda de especialistas en salud mental como terapeutas o consejeros. Estos expertos brindan asistencia especializada, mecanismos de afrontamiento, intervenciones terapéuticas y un entorno seguro donde las personas pueden explorar sus sentimientos. Buscar ayuda se normaliza en una cultura que desestigmatiza el apoyo a la salud mental y promueve discusiones sinceras sobre la salud mental.

La importancia de buscar apoyo se extiende más allá del bienestar individual a la dinámica de las relaciones y las comunidades. La disposición a buscar y ofrecer apoyo crea un intercambio recíproco y dinámico en las relaciones interpersonales. Los amigos, familiares y parejas que se apoyan activamente entre sí contribuyen a desarrollar relaciones de confianza y resiliencia. Este apoyo mutuo fomenta un sentido de pertenencia, seguridad y crecimiento compartido, mejorando la calidad general de las relaciones.

Las comunidades son vitales para proporcionar redes de apoyo definidas por la proximidad geográfica, los intereses compartidos o las experiencias cotidianas. El apoyo comunitario puede manifestarse de diversas formas, desde la asistencia vecinal durante las crisis hasta los foros en línea que conectan a las personas con experiencias compartidas. El sentido de pertenencia y la identidad compartida de una comunidad crean un sistema de apoyo que trasciende los desafíos individuales, enfatizando la fuerza y la resiliencia colectivas.

Aunque pedir ayuda puede ser una herramienta muy efectiva, también requiere estar abierto a recibirla y estar dispuesto a ser vulnerable. Las presiones sociales para ser independientes y autosuficientes dificultan que las personas pidan ayuda porque les preocupa ser juzgadas o piensan que hacerlo es una muestra de debilidad. Ayuda a crear situaciones en las que las personas se sienten seguras y animadas a acercarse cuando las narrativas culturales cambian para abrazar la idea de que pedir ayuda es un comportamiento audaz y adaptable.

Además, los factores culturales y sistémicos pueden afectar el acceso de las personas al apoyo. El estigma que rodea a la salud mental, los recursos limitados para comunidades específicas o las barreras sistémicas para acceder a la ayuda profesional pueden impedir que las personas busquen el apoyo que necesitan. Abordar estas disparidades requiere esfuerzos colectivos para promover la inclusión, reducir el estigma y garantizar que los sistemas de apoyo sean accesibles para todas las personas, independientemente de sus antecedentes o circunstancias.

El impacto transformador de buscar apoyo es evidente en numerosas historias de la vida real en las que las personas que se enfrentan a la adversidad han encontrado fuerza y resiliencia a través de la conexión. Las experiencias compartidas de superación de desafíos, ya sean personales, profesionales o sociales, subrayan el profundo impacto de las redes de apoyo. El apoyo puede provenir de lugares inesperados, enfatizando la importancia de permanecer abierto a la conexión y reconociendo que las personas no tienen que navegar solas por sus viajes.

En conclusión, buscar el apoyo de los demás es un aspecto dinámico y multifacético de la experiencia humana que influye profundamente en el bienestar individual, las relaciones y las comunidades. Ya sea en tiempos de celebración o adversidad, acercarse a los demás crea un tapiz de conexión que enriquece y fortalece el tejido de nuestras vidas. El apoyo emocional, práctico e instrumental forma un continuo que aborda diversas dimensiones de las necesidades humanas, contribuyendo a la resiliencia, el crecimiento y un sentido de humanidad compartida. Al fomentar una cultura que valora y normaliza la búsqueda de apoyo, las personas, las comunidades y las sociedades pueden crear entornos en los que todos se sientan capacitados para navegar por los desafíos de la vida con la fuerza de la conexión.

CAPÍTULO IX
La crianza de los hijos en equipo

Estrategias efectivas de crianza compartida

La crianza compartida, el esfuerzo colaborativo entre padres separados o divorciados para criar a sus hijos, es una tarea compleja y delicada que influye significativamente en el bienestar y desarrollo de los niños involucrados. Si bien el final de una relación romántica puede marcar la conclusión de una relación, las responsabilidades de la crianza de los hijos perduran. La crianza compartida efectiva implica navegar por la toma de decisiones compartida, la comunicación y el respeto mutuo para proporcionar un entorno estable y de apoyo para los niños. Esta sección explora los componentes críticos de la crianza compartida efectiva, los desafíos que puede presentar y las estrategias para fomentar asociaciones parentales positivas que prioricen el interés superior de los niños.

La crianza compartida efectiva comienza con la comunicación. Una relación de coparentalidad cooperativa y armoniosa se basa en el establecimiento de canales de comunicación abiertos y honestos entre los copadres. Establecer y mantener una línea de comunicación regular y transparente es crucial para fomentar la confianza, mitigar las malas interpretaciones y garantizar el acuerdo entre los padres sobre cuestiones importantes relacionadas con el desarrollo de sus hijos. Los canales de comunicación frecuentes, como las conversaciones telefónicas, los correos electrónicos o las aplicaciones especializadas de crianza compartida, ofrecen un foro para hablar sobre el bienestar de los niños, los asuntos académicos, las actividades extracurriculares y otros temas pertinentes.

La crianza compartida efectiva requiere mantener los sentimientos personales separados de la dinámica de la crianza compartida. Incluso si todavía tienes sentimientos de una relación anterior, debes categorizarlos y poner las necesidades de los niños en primer lugar. Los padres pueden trabajar juntos de manera más hábil y crear un entorno en el que los niños se sientan seguros y amados por ambos padres al vigilar la responsabilidad compartida de la crianza de los hijos. Para los padres que enfrentan dificultades emocionales, obtener ayuda profesional, como asesoramiento o terapia, puede ser útil. Ofrece un refugio para discutir problemas persistentes y crear mecanismos de afrontamiento.

Establecer un plan de crianza estructurado y coherente es vital para una crianza compartida eficaz. Un plan de crianza describe el horario acordado para los niños, incluidos los arreglos de visitas, los días festivos y las ocasiones especiales. La claridad y la coherencia en el plan de crianza reducen la incertidumbre para padres e hijos, promoviendo la estabilidad. La flexibilidad también es esencial, ya que los eventos inesperados pueden requerir ajustes en el plan. Los padres compartidos que demuestran flexibilidad y voluntad de adaptarse a los horarios de los demás contribuyen a una dinámica de crianza compartida más cooperativa y menos contenciosa.

Respetar los estilos de crianza de cada uno es otro elemento crucial de la crianza compartida efectiva. Reconocer y aceptar que los co-padres pueden tener diferentes enfoques de la disciplina, las rutinas y la vida diaria es esencial para crear un ambiente armonioso de co-paternidad. Los niños se benefician cuando los padres pueden mantener un frente unido en temas importantes mientras permiten que coexistan los estilos de crianza individuales. Las discusiones constructivas sobre las filosofías, expectativas y prioridades de crianza pueden ayudar a alinear las estrategias de crianza y minimizar los conflictos.

Fomentar y facilitar una relación positiva entre los niños y ambos padres es primordial en la crianza compartida. Los niños se benefician significativamente de tener relaciones sólidas y de apoyo con ambos padres, y los co- padres juegan un papel crucial en el fomento de estas conexiones. Facilitar las visitas regulares y significativas, fomentar la comunicación abierta entre los niños y el padre no residente, y abstenerse de comentarios negativos sobre el otro padre contribuye a una atmósfera positiva de crianza compartida. Fomentar las interacciones de los niños con su familia extendida podría ayudarlos a sentirse aún más conectados y como si pertenecieran.

La flexibilidad y la adaptabilidad son de gran utilidad para los padres compartidos a la hora de navegar por el panorama siempre cambiante de la crianza compartida. Las circunstancias de la vida, los horarios de trabajo y las necesidades de los niños pueden evolucionar, lo que requiere que los padres adapten sus planes de crianza y estrategias de comunicación en consecuencia. Los padres que están dispuestos a colaborar y adaptarse a las circunstancias cambiantes crean una dinámica de crianza compartida resiliente y receptiva.

Manejar los conflictos de manera efectiva es un aspecto inevitable de la crianza compartida. Pueden surgir conflictos, pero la forma en que se resuelvan determinará cómo afectan a la dinámica de la coparentalidad y, en última instancia, a los hijos. La empatía, la escucha activa y el énfasis en encontrar soluciones más que en asignar culpas son componentes de una resolución saludable de disputas. Los co-padres pueden adquirir buenas habilidades de comunicación y resolución de conflictos a través de programas de educación para la crianza compartida, mediación o terapia. Los padres pueden crear un ambiente más estable en el hogar modelando la resolución positiva de problemas para sus hijos y resolviendo problemas de manera constructiva.

La coherencia en los valores y expectativas compartidos es crucial para el bienestar de los niños. Los co-padres pueden colaborar en el establecimiento de reglas y expectativas consistentes en ambos hogares, asegurando que los niños experimenten continuidad en su crianza. Llegar a un acuerdo sobre las rutinas a la hora de acostarse, las expectativas de la tarea y las reglas de tiempo frente a la pantalla ayuda a crear una transición perfecta para los niños entre ambos hogares. La consistencia les da a los niños una sensación de seguridad y previsibilidad, lo que contribuye a su bienestar emocional.

En los casos en que uno de los padres se enfrenta a cambios significativos en su vida, como la reubicación o el nuevo matrimonio, la comunicación abierta y la cooperación se vuelven aún más críticas. El impacto de tales cambios en la vida de los niños debe ser discutido de manera transparente entre los co-padres, y puede ser necesario hacer ajustes al plan de crianza. Los padres que priorizan el interés superior de los niños y demuestran flexibilidad durante dichas transiciones contribuyen a un entorno de crianza compartida más adaptable y de apoyo.

La participación de padrastros o nuevas parejas agrega una capa a la dinámica de crianza compartida. La comunicación abierta y el respeto mutuo entre los copadres y los padrastros son esenciales para crear una estructura familiar inclusiva y de apoyo. Los co-padres deben establecer límites, roles y expectativas con los padrastros mientras fomentan relaciones positivas entre los padrastros y los niños. Mantener un frente unido y demostrar respeto por todas las figuras parentales en la vida de los niños contribuye a una unidad familiar cohesionada.

Controles regulares sobre el bienestar de los niños, el progreso académico y cualquier inquietud que puedan tener para proporcionar a los padres información valiosa sobre la vida de sus hijos. La coordinación de esfuerzos para apoyar la educación, la salud y las actividades extracurriculares de los niños ayuda a crear un frente unido para abordar las necesidades de los niños. La responsabilidad compartida por el bienestar general de los niños constituye la base de una crianza compartida eficaz.

En conclusión, la crianza compartida efectiva es un esfuerzo continuo e intencional que requiere comunicación, colaboración y un compromiso con el mejor interés de los niños. Navegar por las complejidades de la crianza compartida implica reconocer y manejar las emociones personales, establecer canales de comunicación claros y priorizar la consistencia en las estrategias de crianza. Al fomentar relaciones positivas entre sí, respetar los estilos de crianza individuales y adaptarse a las circunstancias cambiantes, los padres contribuyen a un entorno estable y de apoyo para sus hijos. La crianza compartida efectiva sienta las bases para que los niños prosperen emocional, social y académicamente, preparando el escenario para una dinámica familiar positiva y resiliente.

Comunicación entre los padres

La comunicación entre los padres es un elemento fundamental que configura la dinámica de una familia. La forma en que los padres se comunican influye profundamente no solo en su relación, sino también en el bienestar y el desarrollo de sus hijos. La comunicación efectiva fomenta la comprensión, la colaboración y un sentido de unidad, creando un ambiente familiar positivo. En esta sección, exploramos la importancia de la comunicación entre los padres, los desafíos que puede implicar y las estrategias para mejorar la calidad de la comunicación dentro de un entorno familiar.

La comunicación efectiva entre los padres comienza con el cultivo de un diálogo abierto y transparente. Establecer un ambiente en el que ambos padres se sientan cómodos expresando sus pensamientos, sentimientos y preocupaciones es crucial para desarrollar la comprensión mutua. La comunicación abierta sienta las bases para una asociación en la que los padres pueden navegar de manera colaborativa por los diversos aspectos de la vida familiar, desde las decisiones de crianza hasta la resolución de conflictos. Cuando los padres se comunican abiertamente, crean un modelo para sus hijos, enseñándoles el valor de expresarse con honestidad y respeto.

Un elemento vital de la comunicación entre padres que funciona bien es la escucha activa. El respeto y el sentido de validación se fomentan cuando las personas escuchan atentamente los puntos de vista de los demás sin intervenir ni dar respuestas de inmediato. Escuchar lo que se dice y comprender los sentimientos e intenciones subyacentes son componentes de la escucha activa. Los padres que escuchan activamente a sus hijos muestran empatía y fomentan un ambiente donde todos los padres son respetados y escuchados.

Construir una unidad familiar sólida requiere una comunicación abierta y constante. Para evitar conceptos erróneos, los padres deben tratar de comunicar sus expectativas, valores y técnicas de crianza de manera clara y concisa. Cuando la comunicación dentro de la familia es consistente, ayuda a establecer la previsibilidad, lo que permite a los niños comprender los estándares y expectativas de la familia. La comunicación clara y constante entre padres e hijos crea un ambiente estable y seguro que beneficia la salud emocional de los niños.

La comunicación efectiva no se trata únicamente de expresar pensamientos y sentimientos, sino también de elegir el momento y el contexto adecuados para las discusiones. Comprender cuándo tener conversaciones significativas y crear un entorno propicio para la comunicación contribuye a la eficacia general de la interacción. Los padres pueden beneficiarse de elegir momentos de discusión adecuados, asegurando distracciones mínimas y un ambiente relajado que fomente el diálogo abierto.

Los padres deben ser conscientes de sus señales no verbales porque pueden mejorar o perjudicar la comunicación hablada. Mantener el contacto visual, asentir con la cabeza y adoptar posturas abiertas son ejemplos de lenguaje corporal positivo que ayudan a fomentar la comprensión y el sentido de conexión entre los padres.

Los diferentes estilos de comunicación, los factores estresantes personales o los problemas no resueltos son causas comunes de problemas de comunicación entre los padres. Reconocer y abordar estos obstáculos es imperativo para preservar una dinámica familiar positiva. Los padres que se comunican de manera diferente entre sí pueden establecer áreas de acuerdo y modificar sus métodos para que se adapten mejor entre sí. Es importante animarse mutuamente durante los momentos difíciles, ya que los padres pueden reflejar involuntariamente su ira en el otro durante las situaciones estresantes. Las disputas no resueltas pueden impedir efectivamente la comunicación. Por lo tanto, los padres deben trabajar activamente para abordarlos a través de la discusión directa, el compromiso y, si es necesario, la ayuda externa.

El papel de la inteligencia emocional en la comunicación entre los padres es primordial. La inteligencia emocional implica reconocer y comprender las emociones propias y las de los demás. Los padres con alta inteligencia emocional pueden navegar las conversaciones con empatía, manejar los conflictos de manera constructiva y adaptar su estilo de comunicación a diferentes situaciones. Cultivar la inteligencia emocional es un proceso continuo que mejora la calidad de las relaciones interpersonales dentro de la familia.

La resolución constructiva de conflictos es un aspecto integral de la comunicación efectiva entre los padres. Los desacuerdos son naturales en cualquier relación, pero la forma en que se manejan los conflictos afecta significativamente la dinámica familiar. La resolución sana de conflictos implica respetar, centrarse en el problema específico y buscar soluciones mutuamente beneficiosas. Aprender y usar técnicas de resolución de conflictos como el compromiso, la escucha activa y la búsqueda de puntos en común puede beneficiar a los padres.

El trabajo en equipo de los padres es un resultado decisivo de una comunicación eficaz. Cuando los padres se ven a sí mismos como un equipo que trabaja para proporcionar un entorno enriquecedor y de apoyo para sus hijos, la dinámica familiar se fortalece. El trabajo en equipo implica la toma de decisiones compartida, la resolución colaborativa de problemas y un sentido de unidad para enfrentar los desafíos de la paternidad. Los padres que se perciben a sí mismos como un equipo modelan un comportamiento positivo para sus hijos y contribuyen a un ambiente familiar armonioso.

El impacto de la comunicación entre los padres se extiende más allá de la relación parental para influir en la cultura familiar general. Los patrones de comunicación positivos contribuyen a desarrollar una cultura familiar saludable caracterizada por la confianza, la cooperación y un sentido de propósito compartido. Por el contrario, la comunicación ineficaz puede contribuir a una cultura familiar hostil marcada por la tensión, la falta de comunicación y una falta general de cohesión. Los padres tienen la oportunidad de dar forma a la cultura familiar a través de prácticas de comunicación intencionales y positivas.

Incorporar las reuniones familiares en la rutina puede mejorar la comunicación y la colaboración entre los padres. Las reuniones familiares regulares proporcionan un espacio estructurado para discutir los próximos eventos, abordar las preocupaciones e involucrar a los niños en la toma de decisiones cuando sea apropiado. Las reuniones familiares promueven un sentido de inclusión y crean un foro para la comunicación abierta, fomentando un ambiente familiar donde todos se sienten valorados y escuchados.

Los modelos a seguir de los padres tienen un impacto significativo en las relaciones interpersonales y las habilidades de comunicación de los niños. Los jóvenes adquieren habilidades de comunicación al ver a sus padres discutir y estar de acuerdo. Los padres que demuestran habilidades prácticas de comunicación, incluida la escucha activa, la empatía y la resolución constructiva de conflictos, brindan a sus hijos un valioso plan para relaciones saludables. Por el contrario, los padres que se involucran en una comunicación ineficaz pueden transmitir inadvertidamente patrones de comunicación negativos a sus hijos.

La tecnología se ha convertido en parte integral de la comunicación moderna, y no se puede pasar por alto su impacto en la dinámica familiar. Si bien la tecnología ofrece comodidad, también puede contribuir a desafíos como la disminución de la interacción cara a cara, la falta de comunicación a través de mensajes de texto y la posibilidad de distracciones durante el tiempo en familia. Los padres deben ser conscientes de su uso de la tecnología y esforzarse por crear un equilibrio que permita una comunicación y conexión significativas en persona dentro de la familia.

En conclusión, la comunicación entre los padres es la piedra angular de una dinámica familiar saludable. El diálogo abierto y transparente, la escucha activa y la comunicación constante contribuyen a la comprensión, la colaboración y una cultura familiar positiva. Los desafíos en la comunicación se pueden abordar reconociendo y abordando los diferentes estilos de comunicación, fomentando la inteligencia emocional y practicando la resolución constructiva de conflictos. La forma en que los padres se comunican no solo influye en su relación, sino que también da forma al entorno familiar en general, lo que repercute en el bienestar y el desarrollo de sus hijos. Al priorizar la comunicación efectiva, los padres contribuyen a una dinámica familiar caracterizada por la confianza, la unidad y el compromiso compartido de nutrir un hogar amoroso y de apoyo.

Equilibrar las responsabilidades

En la intrincada danza de la vida moderna, las personas a menudo se enfrentan a muchas responsabilidades, que van desde compromisos personales hasta obligaciones profesionales. Lograr un delicado equilibrio entre estas diversas responsabilidades es un desafío continuo que requiere planificación estratégica, adaptabilidad y una profunda comprensión de las prioridades personales. Esta sección profundiza en las complejidades del equilibrio de responsabilidades, explorando el impacto en el bienestar de las personas, los desafíos planteados por las demandas competitivas y las estrategias para lograr un equilibrio armonioso en la búsqueda de una vida plena y significativa.

El panorama contemporáneo se caracteriza por una gama cada vez mayor de responsabilidades con las que los individuos deben hacer malabarismos. La gran cantidad de responsabilidades, que van desde las exigencias de una carrera ocupada hasta los deberes familiares, los amigos y los intereses personales, puede ser debilitante. En la búsqueda de una vida exitosa y satisfactoria, las personas a menudo navegan por un delicado acto de equilibrio, donde la asignación de tiempo, energía y atención se convierte en un determinante crítico del bienestar general.

Uno de los principales desafíos para equilibrar las responsabilidades es la posibilidad de que las demandas competitivas creen estrés y sentimientos de agobio. Las presiones de cumplir con los plazos en el trabajo, atender las responsabilidades familiares y cultivar las relaciones personales pueden crear una sensación de urgencia perpetua. Si este alto nivel de estrés no se controla, puede dañar el bienestar físico y emocional de una persona. Para mitigar las consecuencias negativas del estrés, es fundamental preservar el delicado equilibrio necesario para una gestión eficaz de la responsabilidad.

Las responsabilidades relacionadas con la carrera a menudo ocupan una parte significativa del tiempo y la energía de una persona. Las exigencias de un entorno profesional acelerado y competitivo pueden dar lugar a largas horas de trabajo, plazos ajustados y la búsqueda constante de la promoción profesional. Si bien el éxito profesional es una búsqueda significativa, un desequilibrio que prioriza el trabajo sobre el bienestar personal puede resultar en agotamiento, disminución de la satisfacción laboral y relaciones tensas. Un equilibrio armonioso entre las ambiciones profesionales y la realización personal es esencial para el crecimiento profesional sostenido y la satisfacción general con la vida.

Las responsabilidades familiares, incluida la crianza de los hijos, el cuidado de los padres ancianos y el mantenimiento de un hogar, presentan otra capa de complejidad en el acto de equilibrio de la vida moderna. Las expectativas y demandas asociadas con los roles familiares pueden ser tanto gratificantes como desafiantes. Equilibrar las necesidades de los miembros de la familia mientras se atiende el crecimiento personal y las aspiraciones requiere un enfoque matizado. La capacidad de navegar por estas responsabilidades familiares de manera flexible y administrar el tiempo de manera efectiva es crucial para fomentar un entorno familiar armonioso y de apoyo.

Las responsabilidades sociales y comunitarias añaden dimensión al intrincado tapiz de obligaciones de los individuos. Participar en actividades sociales, ser voluntario o contribuir a iniciativas comunitarias enriquece el sentido de conexión y propósito. Sin embargo, encontrar el equilibrio adecuado entre los compromisos sociales y el tiempo personal es esencial. El compromiso excesivo con las responsabilidades sociales puede conducir al agotamiento y restar valor a las prácticas básicas de autocuidado, lo que en última instancia afecta el bienestar general.

En la búsqueda del equilibrio de responsabilidades, no se debe sacrificar el bienestar personal. El autocuidado, que abarca el bienestar físico, emocional y mental, es un elemento fundamental que contribuye a la capacidad de un individuo para navegar por las complejidades de la vida. Abstenerse de descuidar el cuidado personal en la búsqueda de cumplir con las responsabilidades puede resultar en agotamiento, fatiga y una disminución de la capacidad para cumplir con las obligaciones de manera efectiva. Mantener la resiliencia y la felicidad general requiere reconocer la importancia del autocuidado e incorporarlo a la estrategia general para gestionar las responsabilidades.

Incluso si la tecnología proporciona una conectividad y facilidad nunca antes vistas, es más difícil equilibrar las obligaciones. El aluvión continuo de correos electrónicos, mensajes de texto y alertas puede conducir a una sensación persistente de estar "de guardia", lo que dificulta distinguir entre la vida personal y profesional. Establecer límites, establecer prioridades y desarrollar una conexión positiva con la tecnología son necesarios para una gestión eficaz del tiempo en la era digital para evitar que sea un factor estresante en lugar de una ayuda para la eficiencia.

Las estrategias para equilibrar las responsabilidades abarcan un enfoque multifacético que tiene en cuenta las prioridades individuales, la gestión eficaz del tiempo y el cultivo de la resiliencia. Establecer prioridades es esencial; Las personas deben reconocer y concentrarse en deberes y obligaciones consistentes con sus creencias fundamentales y objetivos a largo plazo. Esta estrategia intencional ayuda a las personas a dedicar su tiempo y esfuerzo a actividades con el potencial más significativo para mejorar su felicidad y sentido de realización.

La implementacion de tecnicas como la elaboracion de horarios, el establecimiento de plazos razonables y el uso de herramientas de productividad son parte de una gestion eficaz del tiempo. Hacer que las obligaciones sean más realistas y reducir la posibilidad de sentirse abrumado se puede lograr dividiendo las actividades extensas en fases más pequeñas y manejables. Además, cuando es factible, aprovechar el poder de la delegación permite a las personas compartir responsabilidades y aligerar su carga, fomentando un enfoque más colaborativo para la gestión de las obligaciones.

La flexibilidad es una cualidad esencial en la búsqueda del equilibrio de responsabilidades. La vida es dinámica y pueden surgir desafíos u oportunidades imprevistas. Las personas que abordan sus responsabilidades con adaptabilidad y la voluntad de ajustar sus planes cuando sea necesario están mejor equipadas para navegar por las complejidades de la vida moderna. La resiliencia, o la capacidad de levantarse después del fracaso, es esencial para mantener la compostura frente a dificultades imprevistas.

La comunicación efectiva dentro de las relaciones personales y profesionales es una piedra angular para gestionar con éxito las responsabilidades. La comunicación clara y abierta permite a las personas expresar sus necesidades, establecer expectativas y negociar responsabilidades compartidas en colaboración. En contextos familiares y sociales, la comunicación ayuda a crear un entendimiento mutuo de las prioridades y fomenta una red de apoyo que facilita el equilibrio.

Establecer límites es un componente vital para lograr un equilibrio entre las responsabilidades. La delimitación clara entre el trabajo y la vida personal, la definición de límites a los compromisos sociales y el establecimiento de expectativas realistas para uno mismo contribuyen a un enfoque más sostenible de la gestión de la responsabilidad. Los límites crean un espacio para que las personas se cuiden a sí mismas, persigan intereses personales y se recarguen, lo que en última instancia mejora su capacidad para cumplir con las obligaciones de manera efectiva.

Las prácticas de atención plena, como la meditación y la reflexión, ofrecen herramientas valiosas para las personas que se esfuerzan por equilibrar las responsabilidades. A través del cultivo de una mayor conciencia del momento presente, estas actividades permiten a las personas abordar sus obligaciones con intencionalidad y atención. Además, la atención plena se puede utilizar como una estrategia de afrontamiento para controlar el estrés y disminuir los efectos dañinos de las demandas conflictivas sobre la salud mental.

En resumen, hacer malabarismos con las obligaciones en el mundo moderno es una tarea dinámica y compleja que requiere un esfuerzo deliberado y una estrategia calculada. Establecer prioridades, usar el tiempo sabiamente y ser resiliente es esencial para hacer malabarismos con las demandas del trabajo, la familia, la vida social y los compromisos personales. Mantener un equilibrio armonioso es crucial para el bienestar emocional y ayuda a construir una existencia feliz y con propósito. A través de tácticas deliberadas, fomentando la flexibilidad y apreciando el valor del autocuidado, las personas pueden manejar con éxito la compleja danza de las obligaciones y tener vidas significativas.

CAPÍTULO X
Abordar los desafíos específicos
de los padres

Lidiando con la rebelión adolescente

El viaje a través de la adolescencia está marcado por una miríada de transformaciones físicas y psicológicas a medida que los adolescentes navegan por el camino hacia el autodescubrimiento y la independencia. Durante esta fase, los padres a menudo se enfrentan a los desafíos de la rebelión adolescente, un período complejo y generalmente tumultuoso en el que los adolescentes afirman su autonomía y desafían a las figuras de autoridad establecidas. Esta sección profundiza en las complejidades de lidiar con la rebelión adolescente, explorando las causas subyacentes, el impacto en las relaciones entre padres e hijos adolescentes y las estrategias para fomentar la comprensión y la comunicación durante esta etapa crucial del desarrollo.

La rebelión adolescente es un aspecto natural y esperado del desarrollo adolescente, arraigado en la búsqueda del adolescente de autonomía y una identidad distinta. A medida que los adolescentes experimentan profundos cambios físicos, emocionales y cognitivos, lidian con el deseo de establecer su individualidad, separados de la influencia de los padres. Esta búsqueda de independencia a menudo se manifiesta como rebelión contra las reglas, cuestionamiento de la autoridad y exploración de nuevas ideas y experiencias. A pesar de que la rebelión adolescente es una parte estándar del crecimiento, mantener una conexión positiva y saludable entre padres e hijos depende de reconocer sus causas y superar sus obstáculos.

Uno de los principales impulsores de la rebelión adolescente es el deseo de autonomía y una sensación de control sobre la propia vida. A medida que los adolescentes se esfuerzan por definirse a sí mismos independientemente de sus padres, pueden desafiar las reglas y los límites para afirmar su individualidad. Este proceso es esencial para desarrollar un sentido fuerte y resiliente de sí mismo. Sin embargo, el choque entre el deseo de autonomía de un adolescente y la responsabilidad de los padres por su bienestar puede crear tensión dentro de la dinámica familiar.

La ruptura de la comunicación es un desafío común durante los períodos de rebelión adolescente. Los adolescentes pueden sentirse incomprendidos o injustamente restringidos, lo que lleva a una ruptura en la comunicación efectiva con sus padres. La brecha generacional, las diferentes perspectivas y la intensidad emocional de la adolescencia contribuyen aún más a esta ruptura. Los padres deben reconocer la importancia de mantener abiertas las líneas de comunicación, incluso frente a la rebelión, para fomentar el entendimiento mutuo y navegar los desafíos que plantea esta fase del desarrollo.

La influencia de los compañeros juega un papel importante en la rebelión adolescente. A medida que los adolescentes buscan establecer su identidad, las relaciones con sus compañeros se vuelven primordiales. Los adolescentes pueden adoptar comportamientos directamente opuestos a las expectativas e ideales de sus padres debido a la presión de los compañeros y a la necesidad de encajar. La dinámica de rebeldía de los adolescentes está influenciada por la tensión que resulta de las presiones opuestas, como la presión de grupo y la orientación de los padres.

Los padres a menudo luchan por distinguir entre la rebelión cotidiana de los adolescentes y los comportamientos más preocupantes que pueden justificar la intervención. La experimentación con la identidad, los valores y los intereses es una parte natural de la adolescencia. Sin embargo, los comportamientos que representan riesgos para el bienestar del adolescente, como el abuso de sustancias, la participación en actividades riesgosas o el deterioro académico grave, pueden indicar problemas subyacentes que requieren la atención de los padres. Diferenciar entre el comportamiento rebelde típico y las posibles señales de alerta requiere una observación cuidadosa y una conciencia de los comportamientos básicos del adolescente.

Las estrategias para lidiar con la rebelión adolescente se centran en fomentar la comunicación abierta, comprender las motivaciones subyacentes y establecer una base de respeto mutuo. Un elemento vital para comunicarse de manera efectiva con los adolescentes es la escucha activa. Un ambiente que hace que los adolescentes se sientan reconocidos y escuchados promueve conversaciones más sinceras. Además de expresar preocupación por su bienestar, los padres deben comprender el punto de vista del adolescente y respetar su necesidad de independencia.

Gestionar la rebeldía adolescente requiere establecer límites constantes e inequívocos. Los adolescentes quieren autonomía, pero para negociar con éxito los desafíos de la pubertad, también necesitan estructura y dirección. Los adolescentes tienen un marco en el que ejercer su libertad de manera responsable cuando existen expectativas y normas claras. Animar a los adolescentes a negociar las reglas, darles voz en las decisiones e inculcarles un sentimiento de responsabilidad por su comportamiento es crucial.

En tiempos de rebelión, una relación positiva entre padres e hijos adolescentes se basa en el respeto mutuo. El sentido de agencia y autoestima de un adolescente aumenta cuando se reconoce y respeta su demanda de independencia, incluso cuando va en contra de lo que sus padres querrían. Del mismo modo, los padres deben ser respetados por su papel como responsables de la toma de decisiones y cuidadores. Encontrar un equilibrio entre la individualidad y la deferencia a la autoridad promueve una dinámica menos agresiva y cooperativa.

La empatía es una herramienta poderosa para los padres que navegan por la rebelión adolescente. Reconocer los desafíos y la intensidad emocional de la adolescencia permite a los padres abordar los conflictos con comprensión y compasión. Si bien establecer límites es esencial, abordar la aplicación de las reglas con empatía ayuda a los adolescentes a sentirse reconocidos y apoyados. La comunicación empática fomenta un sentido de conexión y promueve el desarrollo de un apego seguro entre padres y adolescentes.

Fomentar discusiones abiertas sobre valores, expectativas y consecuencias ayuda a los adolescentes a internalizar el razonamiento detrás de las reglas. Explicar la lógica detrás de las decisiones, en lugar de confiar únicamente en directivas, fomenta el pensamiento crítico y una comprensión más profunda de los principios que guían las decisiones de los padres. Este enfoque anima a los adolescentes a desarrollar su brújula interna y a tomar decisiones informadas basadas en valores familiares compartidos.

El uso del refuerzo positivo para moldear el comportamiento es bastante efectivo durante la rebelión adolescente. Reconocer y elogiar los comportamientos positivos refuerza el sentido de logro del adolescente y fomenta una relación positiva entre padres e hijos. El refuerzo positivo puede adoptar diversas formas, desde el estímulo verbal hasta el reconocimiento de los logros y el fomento de un entorno de apoyo que fomente las decisiones positivas.

Mantener una postura de apoyo y sin prejuicios es crucial cuando se trata de la rebelión adolescente. Los adolescentes pueden dudar en compartir sus pensamientos y experiencias si temen un juicio o castigo severo. Crear un entorno en el que los adolescentes se sientan seguros al expresarse sin temor a las repercusiones inmediatas fomenta la confianza y fomenta la comunicación honesta. Una postura de apoyo no implica condonar el comportamiento inapropiado, sino que demuestra un compromiso para comprender y guiar al adolescente a través de los desafíos.

Buscar apoyo profesional puede ser necesario en los casos en que la rebelión adolescente se convierte en comportamientos preocupantes o afecta significativamente el bienestar del adolescente. La intervención terapéutica proporciona un espacio neutral y constructivo para que tanto los padres como los adolescentes exploren los problemas subyacentes, mejoren la comunicación y desarrollen estrategias para navegar los desafíos de la adolescencia. La orientación profesional puede fomentar un cambio positivo y fortalecer la relación entre padres e hijos.

En conclusión, lidiar con la rebelión adolescente es un proceso matizado y multifacético que requiere empatía, comunicación efectiva y un compromiso con el respeto mutuo. Reconocer las motivaciones subyacentes detrás de la rebelión, fomentar el diálogo abierto y establecer límites claros contribuye a una relación más saludable entre padres e hijos. Si bien la rebelión adolescente es una parte normal del desarrollo adolescente, navegarla con sensibilidad y comprensión sienta las bases para la transición exitosa del adolescente a la independencia y la edad adulta. A través de esfuerzos intencionales para mantener la conexión y el apoyo, los padres pueden guiar a sus hijos adolescentes a través de las aguas tumultuosas de la rebelión, fomentando el crecimiento, la resiliencia y una base sólida para futuras relaciones.

Manejo de conflictos entre hermanos

Dentro del intrincado tapiz de la dinámica familiar, las relaciones entre hermanos son un hilo único y complejo que se teje a través del tejido de nuestras vidas. Si bien estas relaciones pueden ser una fuente de compañerismo, apoyo y amistad para toda la vida, también conllevan el potencial de conflictos que surgen de los espacios de vida compartidos, las diferentes personalidades y la competencia natural inherente a los vínculos entre hermanos. Esta sección explora los matices del manejo de los conflictos entre hermanos, profundizando en los factores que contribuyen a los desacuerdos, el impacto en la dinámica familiar y las estrategias prácticas para fomentar la armonía y la comprensión entre los hermanos.

Los conflictos entre hermanos son un aspecto inherente a la vida familiar, que surge de la naturaleza cercana y a menudo intensa de las relaciones entre hermanos. La historia compartida, las experiencias cotidianas y la proximidad en la edad crean un terreno fértil para la camaradería y la discordia. Los conflictos pueden surgir de varias fuentes, incluidas las diferencias en la personalidad, los intereses variados y el deseo natural de autonomía e individualidad. Comprender la naturaleza multifacética de los conflictos entre hermanos es crucial para los padres y cuidadores que buscan superar estos desafíos y promover relaciones positivas entre hermanos.

Uno de los principales factores que contribuyen a los conflictos entre hermanos es la competencia por la atención y los recursos de los padres. Los hermanos pueden competir por el reconocimiento, la aprobación o el afecto de los padres, lo que lleva a sentimientos de rivalidad y celos. El orden de nacimiento también puede moldear significativamente la dinámica de los hermanos, ya que los primogénitos a menudo asumen roles de liderazgo y los hermanos menores buscan formas de afirmarse. Los padres que quieran establecer un ambiente en el que cada hermano se sienta apreciado y apoyado deben reconocer y lidiar con estas relaciones.

Las diferentes personalidades e intereses entre los hermanos pueden contribuir a los conflictos a medida que navegan por espacios y recursos compartidos dentro de la familia. Los hermanos pueden tener preferencias, pasatiempos o temperamentos distintos que chocan, lo que lleva a desacuerdos sobre cómo se usan los espacios compartidos o cómo se asignan los recursos comunes. Reconocer y respetar estas diferencias es vital para crear un entorno familiar inclusivo que celebre la individualidad de cada hermano y fomente la cooperación.

No se puede subestimar la influencia de los padres en los conflictos entre hermanos. La forma en que los padres modelan la resolución de conflictos, la comunicación y la expresión de emociones determina significativamente la forma en que los hermanos manejan los desacuerdos. Los padres que proporcionan un modelo saludable para resolver conflictos a través de la comunicación efectiva, el compromiso y la empatía contribuyen a desarrollar habilidades positivas de resolución de conflictos entre sus hijos. Por el contrario, los padres que modelan comportamientos conflictivos poco saludables pueden contribuir inadvertidamente a la escalada de los conflictos entre hermanos.

El impacto de los conflictos entre hermanos se extiende más allá de los participantes inmediatos, influyendo en la dinámica familiar general. Los conflictos persistentes y no resueltos pueden crear tensión, estrés y una sensación de malestar dentro de la familia. Los hermanos pueden sentirse obligados a tomar partido o buscar alianzas, lo que exacerba aún más la división. El costo emocional de los conflictos continuos puede tensar las relaciones entre padres e hijos y perturbar la unidad de la familia. Abordar los conflictos entre hermanos de manera proactiva es esencial para mantener un ambiente familiar positivo.

Las estrategias prácticas para manejar los conflictos entre hermanos giran en torno a fomentar la comunicación, enseñar habilidades de resolución de conflictos y promover la empatía dentro de la familia. La comunicación abierta es una piedra angular para resolver disputas entre hermanos. Los padres deben establecer un espacio seguro donde los niños puedan expresar libremente sus pensamientos, sentimientos y opiniones sin preocuparse por ser juzgados. Animar a los hermanos a comunicarse directamente entre sí en lugar de hacerlo a través de los padres promueve la autonomía y la responsabilidad personal en la resolución de conflictos.

Enseñar habilidades de resolución de conflictos equipa a los hermanos con las herramientas para navegar los desacuerdos de manera constructiva. Estrategias como la escucha activa, la expresión de sentimientos mediante declaraciones en primera persona y la búsqueda de un compromiso permiten a los hermanos trabajar juntos en la búsqueda de soluciones mutuamente aceptables. Los padres pueden facilitar activamente estas habilidades guiando a los hermanos a través del proceso de resolución, ofreciendo sugerencias para llegar a un acuerdo y reforzando los patrones de comunicación positivos.

Promover la empatía dentro de la familia es un poderoso antídoto para los conflictos entre hermanos. Animar a los hermanos a considerar las perspectivas, los sentimientos y las necesidades de los demás fomenta una comprensión y una conexión más profundas. Los padres pueden participar en actividades que cultiven la empatía, como hablar sobre el impacto de las acciones en los demás, animar a los hermanos a ponerse en los zapatos del otro y enfatizar la importancia del apoyo mutuo y la amabilidad. La empatía es una base para construir relaciones positivas entre hermanos basadas en la comprensión y la compasión.

Establecer reglas y expectativas familiares claras y coherentes ayuda a mitigar las posibles fuentes de conflicto. Es menos probable que surjan conflictos cuando los hermanos comparten los comportamientos, las responsabilidades y los límites aceptables. La coherencia en la aplicación de las normas garantiza que todos los hermanos cumplan las mismas normas, lo que fomenta un sentido de justicia e igualdad dentro de la familia. Las expectativas claras contribuyen a un ambiente familiar armonioso en el que los miembros comprenden sus funciones y responsabilidades.

Crear oportunidades para interacciones positivas entre hermanos es esencial para fortalecer los lazos entre hermanos y reducir los conflictos. Las actividades familiares, los pasatiempos compartidos y los proyectos colaborativos permiten que los hermanos se conecten, colaboren y aprecien las fortalezas de los demás. Estas interacciones positivas construyen una base de respeto mutuo y experiencias compartidas, lo que contribuye a la resiliencia general de las relaciones entre hermanos. Los padres pueden desempeñar un papel activo en la facilitación de estas oportunidades, fomentando un sentido de camaradería entre hermanos.

Animar a los hermanos a que se apropien de sus conflictos y encuentren soluciones promueve la autonomía y la responsabilidad personal. Si bien la orientación y la intervención de los padres a veces pueden ser necesarias, empoderar a los hermanos para resolver disputas fomenta la independencia y las habilidades de resolución de conflictos. Este enfoque contribuye a desarrollar una mentalidad colaborativa, en la que los hermanos aprenden a navegar juntos por los conflictos en lugar de depender únicamente de la intervención de los padres.

Establecer espacios designados para cada hermano dentro del hogar ayuda a mitigar los conflictos por el territorio y las pertenencias personales. Ya sea a través de dormitorios compartidos, espacios de estudio designados u otras áreas de estar, proporcionar a los hermanos un sentido de propiedad y espacio personal reduce la probabilidad de desacuerdos sobre los límites. El respeto por el espacio personal contribuye a una convivencia más armoniosa, donde cada hermano siente una sensación de autonomía y control dentro del entorno familiar.

Los padres deben ser conscientes del favoritismo, ya que los desequilibrios percibidos o fundamentales en la atención o el tratamiento pueden alimentar los conflictos entre hermanos. Si bien es natural que los padres tengan diferentes relaciones con cada niño en función de la personalidad y los intereses compartidos, los esfuerzos deben garantizar que todos los hermanos se sientan igualmente valorados y apoyados. Abordar directamente las preocupaciones de favoritismo y celebrar las cualidades únicas de cada niño puede ayudar a mitigar los sentimientos de resentimiento y competencia.

En los casos en que los conflictos persisten o se intensifican, puede ser beneficioso buscar orientación profesional. Los terapeutas o consejeros familiares pueden proporcionar información valiosa sobre las dinámicas subyacentes, ofrecer estrategias de resolución de conflictos y facilitar la comunicación familiar. El apoyo profesional es crucial cuando los conflictos contribuyen a una angustia significativa o tensan la dinámica familiar.

En conclusión, el manejo de los conflictos entre hermanos requiere un enfoque matizado y proactivo que se centre en la comunicación, las habilidades de resolución de conflictos y el fomento de relaciones positivas dentro de la familia. Comprender las fuentes de las disputas, abordarlas de manera proactiva y promover la empatía y el respeto mutuo contribuyen a una dinámica armoniosa entre hermanos. Si bien los conflictos son inevitables en las relaciones entre hermanos, también presentan oportunidades para el crecimiento, la comprensión y el desarrollo de habilidades cruciales para la vida. A través de esfuerzos intencionales para crear un ambiente familiar de apoyo, los padres pueden fomentar relaciones positivas entre hermanos que perduren más allá de la infancia, enriqueciendo la vida de cada miembro de la familia.

Navegar por situaciones especiales de crianza (p. ej., crianza soltera)

La crianza de los hijos es un viaje dinámico que se desarrolla de manera única para cada familia, y dentro de este panorama diverso, ciertas circunstancias presentan desafíos distintivos. Las situaciones especiales de crianza, como la crianza monoparental, exigen resiliencia, adaptabilidad y un enfoque personalizado para abordar las necesidades únicas de padres e hijos. Esta sección explora las complejidades de navegar por situaciones especiales de crianza, profundizando en los desafíos que enfrentan los padres solteros y otras estructuras familiares únicas, al tiempo que examina estrategias efectivas para fomentar un entorno enriquecedor y de apoyo.

La crianza soltera, en particular, es una situación de crianza que viene con su propio conjunto de desafíos. El papel de un padre soltero implica asumir las responsabilidades que tradicionalmente se dividen entre dos padres, incluido el apoyo financiero, la crianza emocional y el cuidado diario. La ausencia de un co-padre puede contribuir a sentimientos de aislamiento y mayor estrés, ya que los padres solteros a menudo lidian con las demandas de criar a los hijos mientras manejan su propio bienestar y responsabilidades profesionales.

Uno de los principales retos a los que se enfrentan los padres solteros es la necesidad de equilibrar múltiples roles sin el apoyo de una pareja. Hacer malabarismos con los compromisos laborales, las responsabilidades domésticas y las necesidades emocionales de los niños puede ser abrumador. Los padres solteros a menudo navegan por un delicado equilibrio, buscando estabilidad y apoyo mientras se enfrentan a las inevitables limitaciones de tiempo y recursos. Reconocer las demandas únicas de la crianza soltera es crucial para desarrollar estrategias que promuevan el bienestar tanto de los padres como del niño.

La tensión financiera es otro desafío importante que enfrentan muchos padres solteros. La ausencia de un segundo ingreso puede poner a los hogares monoparentales en mayor riesgo de inestabilidad económica. Satisfacer las necesidades básicas de los niños, como la vivienda, la educación y la atención médica, puede requerir un presupuesto cuidadoso e ingenio. Los padres solteros también pueden tener dificultades para conseguir un cuidado infantil asequible y fiable, lo que contribuye a los problemas de estabilidad financiera.

El costo emocional de ser padre soltero es considerable. Los padres solteros pueden experimentar sentimientos de soledad, agotamiento y dudas sobre sí mismos mientras navegan por las complejidades de la paternidad sin pareja. Para superar estos obstáculos, a los padres solteros les puede resultar útil establecer un sólido sistema de apoyo de amigos, familiares y servicios locales. Ponerse en contacto con otros padres solteros puede crear un sentido de solidaridad al ofrecer una plataforma para compartir pensamientos y experiencias.

La gestión eficaz del tiempo es primordial para los padres solteros, dadas las innumerables responsabilidades que deben manejar de forma independiente. Equilibrar los compromisos laborales, las tareas domésticas y el tiempo de calidad con los niños requiere una planificación estratégica y una priorización. A los padres solteros les puede resultar útil crear un horario realista que asigne tiempo para el trabajo, el cuidado personal y los momentos dedicados a sus hijos. La flexibilidad y la adaptabilidad son clave, ya que pueden surgir desafíos inesperados que requieran ajustes en la rutina diaria.

Los acuerdos de crianza compartida, en los que ambos padres comparten responsabilidades a pesar de vivir separados, representan otra situación de crianza única. Si bien la crianza compartida ofrece la posibilidad de compartir las responsabilidades de cuidado, la comunicación y la colaboración efectivas entre los padres son cruciales. Establecer límites claros, expectativas y un enfoque de crianza coherente contribuye a un entorno estable y de apoyo para los niños. Los padres deben priorizar la comunicación abierta, mantener la flexibilidad y priorizar el bienestar del niño por encima de los conflictos personales.

Las familias ensambladas, formadas cuando padres con hijos de relaciones anteriores se unen, presentan otro conjunto de desafíos. La dinámica de la mezcla de diferentes estructuras familiares requiere sensibilidad, comprensión y compromiso para fomentar un ambiente armonioso. Los niños de familias ensambladas pueden necesitar tiempo para adaptarse a los nuevos miembros y roles de la familia. La comunicación clara, el establecimiento de valores compartidos y la creación de oportunidades para la vinculación pueden contribuir a la integración exitosa de los miembros de la familia en un entorno mixto.

Los niños con necesidades especiales requieren enfoques de crianza especializados, y los padres en estas situaciones deben sortear desafíos únicos asociados con la atención médica, la educación y el apoyo emocional. Abogar por las necesidades específicas de un niño con discapacidades o necesidades especiales exige resiliencia y un compromiso para garantizar el acceso a los recursos y adaptaciones adecuados. Construir una red de apoyo sólida, que incluya profesionales, grupos de apoyo y educadores, puede ser fundamental para navegar por las complejidades de criar a un niño con necesidades especiales.

Las estrategias para navegar por situaciones especiales de crianza giran en torno a la construcción de una red de apoyo sólida, el acceso a los recursos disponibles y la priorización del autocuidado. Los padres solteros, por ejemplo, pueden beneficiarse de buscar ayuda de familiares y amigos, utilizar recursos comunitarios y explorar grupos de apoyo donde puedan conectarse con otras personas que enfrentan desafíos similares. Los programas de asistencia financiera, los servicios de cuidado infantil y el apoyo educativo también pueden aliviar algunas de las cargas de la crianza soltera.

La comunicación efectiva es esencial en cualquier situación particular de crianza. Ya sea que estén separados o formando una familia mixta, los padres deben priorizar la comunicación abierta y honesta para navegar por las responsabilidades compartidas y abordar los posibles conflictos. A las familias que se enfrentan a dificultades particulares les puede resultar especialmente útil buscar ayuda profesional, como terapia familiar o asesoramiento, que ofrece un refugio para discutir problemas y crear planes de comunicación productivos.

La educación y el empoderamiento juegan un papel fundamental en la navegación de situaciones especiales de crianza. Los padres solteros, los padres compartidos y las personas de familias mixtas pueden beneficiarse de la búsqueda de información y recursos que satisfagan sus necesidades específicas. Comprender los derechos legales, acceder a los recursos para padres y mantenerse informado sobre los servicios de apoyo disponibles contribuyen a la capacidad de los padres para superar los desafíos de manera efectiva. Empoderar a los padres con conocimientos y habilidades mejora su capacidad para tomar decisiones informadas que se alineen con el mejor interés de sus hijos.

El autocuidado es un aspecto fundamental para navegar por situaciones especiales de crianza. Ya sea que manejen las demandas de la crianza de padres solteros, la crianza compartida o la crianza de niños con necesidades especiales, los padres deben priorizar su bienestar para apoyar a sus hijos de manera efectiva. Esto implica programar el tiempo de inactividad para el ocio, dedicarse a pasatiempos y obtener apoyo emocional según sea necesario. La capacidad de un padre para mantener su salud física y mental afecta directamente su capacidad para enfrentar los desafíos únicos de su situación de crianza.

La flexibilidad y la adaptabilidad son inherentes a una crianza exitosa en cualquier situación única. Reconocer que los desafíos pueden surgir inesperadamente permite a los padres abordar sus roles de manera resiliente. Adoptar la flexibilidad en los estilos, rutinas y expectativas de crianza fomenta un entorno en el que tanto los padres como los niños pueden navegar por las complejidades de su situación con mayor facilidad. La capacidad de adaptarse a las circunstancias cambiantes contribuye a crear un entorno familiar positivo y de apoyo.

En conclusión, navegar por situaciones especiales de crianza requiere una combinación de resiliencia, ingenio y compromiso para fomentar un entorno enriquecedor. Los padres solteros, los padres compartidos y los que pertenecen a familias mixtas o mixtas se enfrentan a distintos desafíos que exigen estrategias y apoyo personalizados. Priorizar la comunicación efectiva, buscar los recursos disponibles y adoptar la flexibilidad contribuye a navegar con éxito por estas dinámicas únicas de crianza. Empoderar a los padres con conocimientos, construir redes de apoyo sólidas y priorizar el autocuidado crea una base para fomentar relaciones positivas entre padres e hijos, independientemente de los desafíos específicos presentados por las circunstancias únicas de cada familia.

CONCLUSIÓN

En conclusión, "Crianza tranquila: una guía para el manejo de la ira para mamás y papás - Nutriendo la armonía en medio de la paternidad" busca empoderar a los padres con ideas valiosas y estrategias prácticas para mantener la compostura y fomentar una atmósfera armoniosa dentro de la familia. La paternidad es, sin duda, un viaje desafiante, y el libro reconoce los inevitables factores estresantes que pueden desencadenar la ira y la frustración. Al profundizar en los orígenes de la indignación de los padres, explorar su impacto en las relaciones entre padres e hijos y proporcionar un conjunto completo de herramientas para manejar y prevenir la ira, el libro electrónico se esfuerza por ofrecer un enfoque holístico del bienestar emocional tanto para padres como para niños.

A lo largo del libro electrónico, se anima a los lectores a reconocer los desencadenantes emocionales que contribuyen a la ira, entendiendo que la autoconciencia es un paso fundamental hacia un cambio positivo. Se enfatiza la importancia de la comunicación efectiva, las técnicas de manejo del estrés y la atención plena en la crianza de los hijos, proporcionando a los padres métodos prácticos para navegar las emociones complejas que surgen durante la crianza de los hijos.

Además, el libro electrónico subraya la importancia del autocuidado de los padres, reconociendo que mantener el equilibrio emocional es fundamental para proporcionar un entorno enriquecedor y de apoyo para los niños. Al abordar los desafíos de la crianza con empatía, comunicación asertiva y un enfoque en el refuerzo positivo, el libro electrónico tiene como objetivo guiar a los padres hacia un enfoque más consciente y tranquilo de sus roles.

A medida que los padres navegan por las complejidades de la crianza de los hijos, el libro es un compañero, que ofrece información valiosa y estrategias prácticas para promover una dinámica familiar más saludable y armoniosa. Al fomentar la comprensión, la empatía y la comunicación efectiva, "Calm Parenting" aspira a crear un entorno en el que tanto los padres como los niños puedan prosperar emocionalmente, forjando vínculos duraderos basados en la confianza, el amor y el respeto mutuo.

Gracias por comprar y leer/escuchar nuestro libro. Si este libro le ha resultado útil, tómese unos minutos y deje una reseña en la plataforma donde compró nuestro libro. Sus comentarios son muy importantes para nosotros.